A CONSTITUIÇÃO COMO SIMULACRO

CONTRACORRENTE

LUIZ MOREIRA

A CONSTITUIÇÃO COMO SIMULACRO

2ª Edição

São Paulo

2017

CONTRACORRENTE

Copyright © **EDITORA CONTRACORRENTE**
Rua Dr. Cândido Espinheira, 560 | 3º andar
São Paulo – SP – Brasil | CEP 05004 000
www.editoracontracorrente.com.br
contato@editoracontracorrente.com.br

Editores

Camila Almeida Janela Valim
Gustavo Marinho de Carvalho
Rafael Valim

Conselho Editorial

Alysson Leandro Mascaro
(Universidade de São Paulo – SP)

Augusto Neves Dal Pozzo
(Pontifícia Universidade Católica de São Paulo – PUC/SP)

Daniel Wunder Hachem
(Universidade Federal do Paraná – UFPR)

Emerson Gabardo
(Universidade Federal do Paraná – UFPR)

Gilberto Bercovici
(Universidade de São Paulo – USP)

Heleno Taveira Torres
(Universidade de São Paulo – USP)

Jaime Rodríguez-Arana Muñoz
(Universidade de La Coruña – Espanha)

Pablo Ángel Gutiérrez Colantuono
(Universidade Nacional de Comahue – Argentina)

Pedro Serrano
(Pontifícia Universidade Católica de São Paulo – PUC/SP)

Silvio Luís Ferreira da Rocha
(Pontifícia Universidade Católica de São Paulo – PUC/SP)

Equipe editorial

Carolina Ressurreição (revisão)
Denise Dearo (design gráfico)
Mariela Santos Valim (capa)

Dados Internacionais de Catalogação na Publicação (CIP)
(Ficha Catalográfica elaborada pela Editora Contracorrente)

M835   MOREIRA, Luiz.

A constituição como simulacro | 2ª ed. Luiz Moreira – São Paulo: Editora Contracorrente, 2017.

ISBN: 978-85-69220-30-5

Inclui bibliografia

1. Constituição. 2. Filosofia do Direito. 3. Normas. 4. Habermas. I. Título.

CDU – 342.4

Impresso no Brasil
Printed in Brazil

Para Alice:
*No início era o ponto, que se fez verbo,
que se fez Alice e, depois,
Lívia, Helena e Vinícius.*

agradecimentos

Ao Professor Doutor Manfredo Araújo de Oliveira, quem me pôs diante do pensamento crítico e me exigiu coerência no filosofar, meu reconhecimento e minha gratidão.

Ao Marcos Moreira, meu irmão, pois a transcendência tem sempre um início.

sumário

AGRADECIMENTOS 7

INTRODUÇÃO 11

1. O DIREITO COMO RECIPROCIDADE DA LIBERDADE 17

  1.1 GÊNESE E FORMAÇÃO POLÍTICA DO ESTADO NACIONAL 18

  1.2 A ÉTICA MODERNA 31

  1.3 CULTURA E ISONOMIA 45

  1.4 A TRANSFORMAÇÃO DO DIREITO 54

  1.5 NORMATIVIDADE MORAL E JURÍDICA 68

2. O DIREITO COMO ORDENAÇÃO 83

  2.1 OS UNIVERSOS NORMATIVOS 94

  2.2 A TRANSCENDÊNCIA 98

  2.3 O ECLESIASTICISMO DO ESTADO 120

2.4　O DOMÍNIO DA CONSCIÊNCIA　124

3. **A SOBERANIA DOS SUJEITOS DE DIREITO**　131
　3.1　LEGOCENTRISMO　135
　3.2　A CONSTITUIÇÃO COMO SIMULACRO　144

POSFÁCIO – Profa. Gretha Leite Maia　163

BIBLIOGRAFIA　173

introdução

Causa perplexidade o modo como a sociedade da ciência e da técnica convive com a fragmentação epistêmica. Ao mesmo tempo em que as inovações tecnológicas proporcionam uma disponibilidade de recursos e de informações, na esfera normativa prospera a recusa por uma compreensão da dimensão simbólica como algo que perpassa a civilização, uma postura que, no fundo, atribui à cultura uma nuança naturalista.

Alheia a tal perplexidade, é engendrada uma forma de apropriação dos rumos da civilização por uma teoria subliminar que, por escamotear as resistências, pode ser denominada *teoria dos restos*. Com ela, põe-se em marcha uma dominação totalizante que se funda na recusa por pleitos universais. Conjugada pela teoria dos restos, essa recusa ao universal possui as seguintes peculiaridades: I) uma *ideologia da fragmentação*, que se expressa pela impossibilidade de apreender o universal, embora o impossível (universal negativo) e o possível (universal positivo) sejam categorias constituidoras do real; II) uma *cultura da homogeneidade*, segundo a qual é forjada uma aversão à alteridade, gerando a impossibilidade categórica da diferença e a consequente repulsa à pluralidade e III) uma *epistemologia da segmentação*, que se funda no abandono da pretensão de uma interpretação abrangente, em virtude de sua impossibilidade.

Concomitantemente, o mundo ocidental observa o pleito de uma de suas formas de Estado em fazer coincidir conceito e história.

Sabe-se que uma das consequências do advento do *logos* na Grécia foi a distinção entre norma e fato, tornada possível com o surgimento da transcendência. Com ela, o homem se distancia das suas inclinações biológicas, passando assim a apreender o tempo. Com esse distanciar-se, gesta-se um tempo distinto do conjugado na tradição oral, própria ao mito, assumindo o cronológico o lugar que coube ao tempo *circular*.

Com o estabelecimento do antes e do depois, a história surge como disciplina e guarda em si não apenas o *germe* do desdobramento gradual, mas a sua elevação, isto é, aquilo que se distancia do que é posto como constatação. Medir o tempo como desdobramento, eis a tarefa conjugada pela história ao

A CONSTITUIÇÃO COMO SIMULACRO

expressar o desenrolar dos fatos. Ao aprisionar o tempo, fazendo-lhe sucessivo, o tempo *cronológico* contém em si o embrião que a ele não se circunscreverá, ou seja, aquilo que à sucessão não se limita, mas que se estende adiante de sua concreção, o *conceito*.

O conceito surge como algo que se projeta, que ultrapassa o físico e que a ele se sobrepõe, transpondo-lhe as suas determinações. Por conseguinte, é característico à história a aferição dos fatos, mensurando-lhe o seu desenrolar, enquanto que ao tempo do conceito é próprio aquilo que é *concebido* como *normativo*, como inerente às ideias. Desse modo, ao tempo conceitual é ínsito uma feição especulativa, com nítida propriedade conotativa, por deter um caráter ao mesmo tempo regulativo e contemplativo.

É na tentativa de estabelecer uma coincidência entre tais esferas, a histórica e a conceitual, que o Estado nacional tenta conjugar *legitimidade* e *obrigatoriedade*, de modo a resumir todas as pretensões a uma única esfera. Tal esfera absorve a pretensão crítica e dilui qualquer alternativa à sua normatividade ao tentar dar forma jurídica a pleitos oriundos de outras instâncias. Assim, a marca de *legitimação pelo exercício*, à qual o Estado deve se circunscrever, é escamoteada pela associação entre democracia e direito, ou melhor, pela pretensão de fazer coincidir o jurídico com o democrático, de modo que o Estado nacional passe a assumir a designação de *Estado democrático de Direito*.

No entanto, tal designação não é suficiente para demonstrar os componentes de sua formação, bem como sua estrutura. É preciso perquirir se o itinerário seguido pelo Estado, e a forma jurídica por ele empreendida, resultou em um processo político de inclusão e reconhecimento que logrou transformar súditos em cidadãos.

A tese aqui apresentada é a de que muito se perdeu nesse caminho e que o invocar acrítico de uma categoria jurídica ou de um conceito da teoria do Estado não são suficientes para escamotear a questão democrática e os problemas subjacentes ao mantra constitucional.

O primeiro deles diz respeito à gênese do Estado nacional, ou seja, em sua formação encontra-se presente uma ligação tanto com o poder eclesiástico quanto com uma forma autoritária de poder.

O segundo diz respeito à sua pretensa secularidade. Parece forçoso admitir que o Estado carrega marcas indeléveis dos preceitos religiosos e essas marcas se revelam na fixação de áreas indisponíveis no ordenamento jurídico, mais especificamente nas constituições, caracterizadas por sua suposta irrevogabilidade.

O terceiro se conjuga mediante o abandono de um pressuposto: aquele segundo o qual o Estado

A CONSTITUIÇÃO COMO SIMULACRO

só obtém justificação mediante o exame posterior de suas atividades. Logo, é o exercício da atividade estatal que lhe confere legitimidade.

No primeiro capítulo serão examinadas as categorias que permitiram à comunidade política converter-se em sociedade civil, mediante o entrelaçamento dos aspectos político, econômico e religioso. Da tensão entre esses fatores surgem as categorias conceituais que permitirão ao homem moderno avocar a titularidade do poder político, o que se realiza pela transformação do indivíduo em sujeito de direitos.

Se a modernidade representa a autonomia epistêmica do sujeito, será exatamente em torno da consciência que se desenrolará a osmose entre o trono e o altar, de modo a forjar a consciência tendo em vista as suas prescrições. No segundo capítulo, então, busca-se demonstrar a hipótese segundo a qual a legitimação do aparato normativo e fático do Estado é operada a partir da assimilação do confessionário pelo sentimento de pertença. Tal assimilação permitirá ao Estado prescrever condutas e exigir o seu cumprimento tendo em vista a tensão entre legitimidade e obrigatoriedade própria ao Direito moderno.

No terceiro capítulo, a osmose entre altar e trono é articulada com o propósito de impedir que os sujeitos de direito se estabeleçam como plenipotenciários.

Assim, a tensão entre legitimidade e obrigatoriedade repõe o pleito por plenitude do ordenamento jurídico, travestido agora em legocentrismo do direito constitucional. Desse modo, com o Estado democrático de Direito a Constituição põe-se como simulacro, na medida em que representa o empecilho institucional à efetiva expressão do poder jurígeno próprio à associação dos sujeitos de direitos.

1
o direito como reciprocidade da liberdade

Cabe ao Direito ordenar condutas. Tal afirmação pode perfeitamente soar paradoxal, tendo em vista as diversas possibilidades de ação em um universo tão indefinido quanto fragmentado nas composições psíquicas e ideológicas. A diversidade cultural propicia orientações várias não apenas no modo de apreender a realidade, mas também na forma de autodeterminação da vontade. Então, por que submeter livremente a orientação do agir às normas jurídicas? O sentido dessa pergunta ganha contornos precisos quando a resposta é marcada pela ascensão do Estado moderno e com a consequente estrutura jurídica que se lhe segue.

1.1 GÊNESE E FORMAÇÃO POLÍTICA DO ESTADO NACIONAL

No Estado moderno, os *sujeitos* constituem uma ordem estatal marcada pela associação entre livres e iguais definida em termos jurídicos. Ao vínculo comunitário feudal sucede o *político-jurídico*; à relação de subordinação entre vassalos e senhor, uma estrutura marcada pela *titularidade de direitos* inerente a cada sujeito que é membro associado de uma sociedade civil; por sua vez, o direito consuetudinário, com jurisdição fragmentada em feudos regidos pelos suseranos, transforma-se em uma *unidade jurídico-estatal* elaborada, em *co-autoria*, pelos *sujeitos de direito*.

Vínculo político-jurídico, titularidade de direitos e *co-autoria da ordem jurídica estatal*, essas são as especificidades que marcam a relação entre *sujeitos de direito*. Os direitos subjetivos implicam *reciprocidade* na articulação do conceito moderno de *liberdade*. Como são recíprocos, sua estrutura denota uma constituição *intersubjetiva*, pois somente em uma relação interpessoal se faz possível o reconhecimento da co-autoria do ordenamento jurídico, co-autores *livres* e *iguais* que concebem uma reciprocidade de direitos e obrigações comuns a todos os sujeitos de direito. O sujeito de direito passa a ser co-fundador de um aparato normativo recíproco *universalmente imputável*, e sua *faculdade* para a *ação*, uma titularidade subjetiva que se constitui como titularidade de direitos.

O DIREITO COMO RECIPROCIDADE...

Essa titularidade de direitos é entendida como um atributo subjetivo, como faculdade própria ao sujeito. Como essa *faculdade subjetiva* exige como corolário a ideia de *reciprocidade* e de *imputabilidade universal* de direitos e obrigações, o exercício dessa faculdade recíproca possibilitará a um só tempo o surgimento da *autonomia* e da *soberania*. Na medida em que sob o sujeito se funde autonomia e titularidade de direitos, surge o Estado moderno, como *reciprocidade jurídica da liberdade*.

De que forma a fusão entre autonomia e titularidade de direitos se suprassume na modernidade? Mediante dois conceitos: *sujeito* e *Estado*. A fim de esmiuçar essa resposta, seguiremos os passos da suprassunção entre sujeito e Estado por meio dos aspectos *político, religioso* e *econômico*.

Nessa suprassunção, o aspecto político se inicia com a associação entre o *príncipe* e a *burguesia* e culmina com a *divisão do exercício do poder* e com o *princípio da soberania do povo*; o aspecto religioso, com a *cisão religiosa*, tendo seu apogeu com a *separação* entre *Estado e religião*; finalmente, o econômico, com as *grandes navegações*, culminando com a *revolução industrial*.

Do ponto de vista *político*, a associação entre príncipe e burguesia permitirá ao primeiro reunir a *força* necessária para constituir poder político sobre um determinado *território*, de modo que seus éditos sejam passíveis de *obrigatoriedade* e *auto-executoriedade*.

Torna-se possível, então, a constituição de um aparelho estatal a serviço do príncipe que tem funções a um só tempo tributárias e de polícia. Forma-se um corpo administrativo, uma burocracia estatal a qual cabe organizar e orquestrar as funções estatais. Paulatinamente este *poder* de *dizer* o *Direito* sobre um determinado território torna-se *monopólio estatal* inerente à função principesca, isto é, como poder soberano em um dado território. Fundamental aqui é que o poder agora não é disperso entre diversas autoridades, mas se concentra na mão de um único soberano.

A ordem do soberano é normativa porque obriga igualmente todos os habitantes do território. O que vincula os habitantes do território não são mais laços de origem ou consanguíneos, mas o poder normativo estatal exercido de modo único. A normatividade estatal significa que apenas um poder reúne a força para obrigar a todos igualmente. *Normatividade* e *universalidade* são suprassumidos no Estado pós-revolucionário, pois, na medida em que tal normatividade passa a dirimir conflitos e reger as relações sociais de modo *legítimo*, ela se torna *universalmente válida*. Justamente quando essa universalidade *se confunde* com a normatividade, temos a exigência funcional de *divisão do exercício do poder* como forma de opor *limites*

O DIREITO COMO RECIPROCIDADE...

ao exercício usurpador do poder político frente aos *direitos e garantias individuais*. No entanto, a limitação funcional do exercício do poder estatal por si só não significa que o poder estatal esteja vinculado aos *direitos subjetivos*. Significa apenas que o exercício do poder estatal será exercido segundo sua especificidade, seja ela legislativa, jurisdicional ou administrativa. Para que o Estado seja *democrático*, isto é, *universal*, é preciso que o poder emane não de um apenas, mas de *todos*. É mister que o poder emane de cidadãos, *co-autores livres e iguais*, criadores dessa normatividade que agora não é apenas formal, mas materialmente universal, visto que fundada na igualdade e na liberdade, emanando o monopólio estatal da força de leis que os cidadãos dão a si mesmos.

Do ponto de vista *confessional*, a reforma protestante será uma *ruptura* no mundo religioso ocidental. Das teses de Martin Lutero[1], duas nos são especialmente caras. A primeira, a doutrina de justificação pela fé somente, o *solifideísmo*, ou seja, que a fé é bastante para se chegar à salvação; a segunda, a rejeição à pretensão eclesiástica de possuir jurisdição sobre assuntos seculares.

---

[1] Quanto às ideias que se seguem, *Cf.* SKINNER, Quentin. *As fundações do pensamento político moderno*. Tradução de Renato Janine Ribeiro e Laura Teixeira Motta. São Paulo: Companhia das Letras, 1996, pp. 285-301.

Em 1525, a obra *A servidão da vontade* contraria radicalmente a tese tomista de uma *philosophia pia* segundo a qual o homem seria um ser apto a intuir e seguir as leis divinas, uma vez que Lutero apresenta a natureza humana como decaída, na medida em que nossa constituição carnal permanece atrelada ao pecado. Como seres pecaminosos e corruptos, é-nos impossível desvendar as leis e ações divinas por intermédio da razão humana. Sendo servos do pecado, devemos obedecer aos mandamentos divinos não por nos parecerem justos e bons, mas por serem ordens de Deus. Assim, Deus assume para Lutero uma dupla natureza, uma que se faz *Verbo*, que revela sua vontade através dos Evangelhos, um Deus revelado, portanto, e uma outra que não pode ser apreendida pelo homem, um Deus oculto. Como tal, os atos humanos de modo algum conduzem à salvação; ela é alcançada inteiramente e apenas pela *graça divina*.

E que deve o homem esperar? Ninguém pode ter a esperança da salvação. O que se pode esperar é que a todos seja dada a *possibilidade de obter* a graça salvífica.

Com a tese do *solifideísmo*, destitui Lutero a Igreja da posição de instituição entre Deus e os fiéis. Como a salvação é obra da graça divina, a Igreja, como instituição, não tem qualquer função salvífica. A essa conclusão chegou ele a partir do exame da palavra grega *ecclesia*, tida antes para os doutrinadores católicos, justamente, como aquela instituição mediadora. Para o reformador, a palavra *ecclesia* significa congregação, não tendo existência real, exceto no coração do *povo de Deus*, sendo assim uma *congregação de fiéis*.

Com base na definição de Igreja como *congregação de fiéis* e não como estrutura detentora do monopólio sacramental, Lutero pôde concluir pela incompetência da Igreja para (1) presidir e regular a congregação dos fiéis de modo que não pode avocar qualquer poder sobre a comunidade dos cristãos e (2) igualmente para exercer qualquer "jurisdição" sobre assuntos seculares.

Apesar de os escritos políticos de Lutero estarem sempre submetidos à palavra de Deus, parece-nos inequívoco que sua teologia tenha deixado marcas profundas no *ethos* moderno, pois subjaz a especificidade do crente como aquele que obtém, sem mediações institucionais, a graça redentora de Deus. Subsiste ainda uma *igualdade universal* constituída pela equanimidade perante a *possibilidade de salvação*, decorrendo uma disposição uniforme de reger e prover a vida em sociedade oriunda da igualdade frente à salvação.

São essas as ideias que dividirão o credo ocidental em dois, cabendo à Europa setentrional a opção pelo protestantismo e, à Reforma, a constituição de um *individualismo* radicado na ideia de obtenção da graça pela fé, que tornará o crente alguém distinto da massa uniforme de fiéis. Após guerras e massacres cometidos por católicos e protestantes, surgirá, então, não apenas a concepção de tolerância religiosa, mas uma abertura radical para o *indivíduo*, na medida em que sua relação com a divindade se dá de modo unipessoal. Parece forçoso admitir que a cisão protestante possibilitou à sociedade civil não apenas uma pluralidade de concepções religiosas, mas também, a partir da igualdade religiosa, *desligar* o Estado de orientações confessionais.

As *grandes navegações*[2] propiciaram o acúmulo de riquezas necessário para a *revolução industrial*. Permitiram também que o isolamento característico da sociedade humana até então fosse derrocado. Se é verdade que o caminho para as Índias Orientais, através do cabo da Boa Esperança, propiciou comércio marítimo e tráfego de especiarias, o descobrimento da América trouxe açúcar, ouro e, igualmente, comércio de escravos.

Coube a Portugal a dianteira na "era dos descobrimentos". Isso se deveu, em parte, à unidade

---

[2] No que diz respeito às grandes navegações, *Cf.* BOXER, Charles. *O império marítimo português 1415-1825*. Tradução de Anna Olga de Barros Barreto. São Paulo: Companhia das Letras, 2002.

O DIREITO COMO RECIPROCIDADE...

política firmada a partir da conquista definitiva de Algarve, ocorrida em 1249, tornando desde então as fronteiras portuguesas praticamente inalteradas.

Mas uma ligação marítima duradoura e regular entre os quatro continentes só se deu depois de Portugal ter contornado o Cabo da Boa Esperança e atingido a Ilha das Especiarias, na Indonésia, e o mar da China e quando a Espanha alcançou os mesmos objetivos através da Patagônia, do Oceano Pacífico e das Filipinas.

O domínio português sobre a África e o comércio subsequente de ouro, marfim e escravos fez com que, ainda no século XVI, houvesse um interesse crescente pelo financiamento de novas expedições. Antes mesmo do descobrimento do ouro na América, notadamente nas Minas Gerais, o ouro proveniente da África Ocidental colocou Portugal no centro da circulação monetária européia. Desse modo, o excedente econômico pôs em ação um esquema de importação de produtos têxteis, cereais, vidros e latão que favoreceu os demais países da Europa.

Como se sabe, o comércio, antes adstrito à África e à Ásia, estende-se paulatinamente à América. Surge então um incremento ainda maior no comércio de açúcar, ouro e escravos. Mais uma vez, tal excedente fomenta a *produção de mercadorias* pelos demais países europeus. Ora, é justamente a permanência de tal situação que tornará possível à Europa experimentar uma *revolução* no *modo de produção* que tantos encantos produziu em Karl Marx.

Se essa revolução no modo de produção, por um lado, fornece uma grande quantidade de mercadoria apta ao consumo, por outro, o poder de interferência do homem sobre a natureza multiplica-se. Em consequência, surge o trabalhador assalariado, com jornada de trabalho. Passo a passo, o *incremento na produção* e na *remuneração* propiciam o nascimento de uma classe inteiramente nova, a *classe operária*. Com ela, o *trabalho livre* e *assalariado* ganha status *universal*. A crescente produção demanda mercados consumidores e a sua expansão, novos trabalhadores. Essa demanda crescente, essa necessidade absoluta faz com que às ideias de *liberdade* e *igualdade jurídica* sejam associadas *políticas sociais* que tutelem também as *relações trabalhistas*.

Portanto, se a modernidade é marcada pela *autonomia* como *categoria subjetiva* sublime e a *soberania*, como *capacidade normativa do Estado*, não é menos verdade que isso se deveu a um longo processo histórico que teve várias vertentes. Chamamos atenção para três fatores, porque nos parecem absolutamente atrelados. Para que o Estado pudesse afirmar, *legitimamente*, seu *monopólio normativo*, era necessário que tal afirmação fosse reconhecida como a *única* nacionalmente possível.

O DIREITO COMO RECIPROCIDADE...

Sob o viés político-jurídico, somente no quadro de *sujeitos* que se reconhecem como *titulares e co-autores* de uma *ordem jurídica* que funda e obriga o *Estado*, isso se fez possível. Contudo, o Estado nacional precisa *financiar* a normatividade que *internamente* obtém por meio do *monopólio da força* e de uma *burocracia* especializada e, *externamente*, pela afirmação de sua *independência* frente aos demais Estados.

Tal afirmação, interna e externa, só se dá em contexto de crescente disponibilidade de recursos provenientes do aquecimento comercial gerado pelas *relações mercantis* entre os quatro continentes e pela *produção* de bens *em série*. Mas somente no quadro de uma normatividade estatal marcadamente burocrática há a possibilidade de levar a contento tal aspecto econômico. Era preciso que houvesse uma *ordem* que disciplinasse as relações econômicas. A isso, vem somar-se a *reforma protestante* com sua *cisão* no credo. O homem é desligado da uniformidade de crença e o Estado, de uma rivalidade normativa, pois se torna, com a separação, a *única jurisdição secular*.

Acontece que o binômio *sujeito/Estado* passa, no decorrer dos séculos XIX e XX, a ser severamente posto em xeque. Sob o viés *político-jurídico*, pela *relativização* do conceito de *propriedade* com a Revolução Russa de 1917 e com as políticas e *direitos sociais* a ela subsequentes; *epistemologicamente*, com a *crítica* à *racionalidade instrumental* realizada pela Escola de Frankfurt. É nesse ambiente cultural que o século XX assistirá a uma mudança em seu paradigma.[3] A *Filosofia da consciência própria à subjetividade* será confrontada com três grandes perspectivas, ou seja, a *reviravolta hermenêutica* de Martin Heidegger e Hans-Georg Gadamer; a *semiótica-pragmática* de Charles Sanders Peirce e a *pragmática*, seja a *transcendental* de Karl-Otto Apel[4] ou a *universal* de Jürgen Habermas. Como mudança de paradigma, a reviravolta linguística (*linguistic turn*) se constituirá através da tese de que a linguagem é o *medium* irrecusável de *sentido* e *validade* de todo e qualquer *saber* humano, de tal modo que passa a ser a sede das *soluções consensuais* de toda e qualquer pretensão de validade.

Evidentemente tais *transformações* atingem em cheio o conceito de *sujeito*. Mas, se elas implicam mudança de perspectivas, em que medida atingem igualmente a Ciência e a Filosofia do *Direito*? A crítica ao *solipsismo metódico*, como filosofia da subjetividade, atingiria também o conceito *sujeito de direito*?

Se o sujeito de direito for concebido como aquele que detém uma liberdade quantitativa,

---

[3] OLIVEIRA, Manfredo Araújo de. *Reviravolta linguístico-pragmática na filosofia contemporânea*. São Paulo: Loyola, 1996.

[4] COSTA, Regenaldo da. *Ética do discurso e verdade em Apel*. Belo Horizonte: Del Rey, 2002.

O DIREITO COMO RECIPROCIDADE...

entendida como espaço privado de ação oponível frente à usurpação estatal ou à particular, ou como aquele que dispõe de um conjunto de direitos em contraposição a todos os demais, ou, ainda, como alguém que porta direitos inatos desde uma hipotética comunidade *pré-política* e que por isso pretende torná-los universalmente oponíveis, pensamos que a objeção ao solipsismo metódico realizada pela *linguistic turn* prepondera integralmente. Somente concebendo o sujeito de direito como *fundador* e *co-autor* de uma *ordem jurídica estatal* é que, talvez, possamos blindar o conceito de sujeito de direito.

O que distingue o sujeito da filosofia da consciência do sujeito *de direito* é precisamente a locução adjetiva *de direito*, que especifica o significado do substantivo *sujeito*. Tal especificidade consiste, a um só tempo, na constituição plural de uma *universalidade jurídico-política* que se forma tanto mediante a inclusão de todos como *membros fundadores* de uma ordem estatal, quanto por meio do *reconhecimento* de todos os demais como *parceiros* de *iguais direitos* e *liberdades*. Desse modo, o adjunto adnominal *de direito* abre o sujeito a duas perspectivas: a primeira, a uma *universalidade plural*, na medida em que o sujeito é concebido a partir de uma *reciprocidade associativa*; a segunda, à *efetivação da liberdade* como *isonomia*.

Na primeira perspectiva, como parte de uma *universalidade plural*, o sujeito de direito não é assumido como membro isolado ou como unidade associada, mas ele se forma a partir de uma relação de *correspondência mútua* que lhe possibilita direitos e deveres. Nessa correspondência, as relações se apresentam como *vínculos multíplices*, uma vez que a universalidade jurídica implica inclusão, uma inclusão que decorre da *co-autoria* da *normatividade jurídico-estatal*. Na segunda, trata-se da *concreção* da *universalidade* como *igualdade*. É do *reconhecimento universal* de que a *liberdade* é *medida comum* de *isonomia*, de que a liberdade se articula como *igualdade de direitos* em um governo *democrático*, que podemos falar em *reciprocidade jurídica da liberdade*. É precisamente porque a normatividade jurídico-estatal é concebida como emanação da vontade livre de cidadãos associados (*liberdade qualitativa*) e como lei múltipla de reconhecimento universal (*igualdade na diferença*) que podemos dizer que, com o sujeito de direito, é possível falar em Estado legítimo, isto é, em uma *ordem jurídica isonômica* que *efetiva a liberdade*.

Tal ordem jurídica isonômica confere uma estrutura intersubjetiva de direitos, na medida em que se mostra como *inclusão* e *reconhecimento*. Inclusão e reconhecimento interpessoal que se dá pela universalidade da liberdade e da isonomia suprassumida no conceito *sujeito de direito*. Assim, a categoria *direito subjetivo* pode ser rearticulada não mais como inerente à *subjetividade*, mas como emanada da relação jurídica *intersubjetiva* entre cidadãos. Como emanação de uma ordem jurídica que é produzida segundo uma reciprocidade livre, os direitos e deveres passam a ser comuns a todos os cidadãos, na medida em que a relação entre sujeitos de direito é universalmente imputável.

Antes de articular um conceito de *normatividade* que dê conta das atuais exigências de normatização jurídica e que contemple as objeções da reviravolta linguística à filosofia da subjetividade, convém discorrer sobre a estrutura imanente da ética moderna. É oportuno lembrar que é por meio dela que a Ontologia clássica é revisitada e é reformulada segundo categorias não disponíveis aos antigos e que o germe da modernidade poderá campear em berço esplêndido.

1.2 A ÉTICA MODERNA

Sociedades complexas solucionam sua carência de normatividade mediante a utilização de um aparato jurídico sob o monopólio estatal. A validade de tal prescritividade decorre da combinação entre legalidade e exercício legítimo do poder. Acoplando assentimento à sanção, o Estado nacional estabelece padrões de conduta que passam a ser tidos como devidos. Comportamentos desviantes recebem dupla desautorização: moral e jurídica. A primeira, mediante um processo de introjeção daquilo que é aceito pela comunidade a que se pertence. Evidentemente, esta introjeção não é natural, mas obedece a um rigoroso esquema mimético que possui diversas vozes[5]; a outra, decorre da aplicação da força ou de sua possibilidade a todos os comportamentos tidos como indesejados.

Conforme o tipo de sociedade e das relações nela existentes, a orientação para o agir segue uma estrutura. Nas sociedades antigas – comunidades – a prescritividade provém da ligação com o Bem. Desse modo, a Ética antiga é uma Ontologia. As sociedades modernas depuram-se de uma orientação escatológica, substituindo a Ética aristotélica pela Ética kantiana. Nesta, a determinação da ação emana do seguimento de normas que acoplam à sua formulação a aceitação racional.

Com o conceito de *liberdade* o filósofo de Königsberg estabelece o primado da razão prática. Com a liberdade transcendental, *a priori*, Kant suprime o fundamento transcendente da liberdade nos moldes que fora constituído pela Metafísica clássica, ou dogmática, e com isso foge ao determinismo das leis da natureza. Constrói a liberdade transcendental como o princípio autônomo no domínio da moralidade, o

---

[5] Sobre uma das formas mais sofisticadas de introjeção de normas, *Cf.* DUARTE, Rodrigo. *Teoria crítica da indústria cultural*. Belo Horizonte: UFMG, 2003.

que a transformará na categoria metafísica por excelência de sua Ética.⁶

Kant será o estuário de várias reviravoltas e com isso realizar-se-á uma cisão na história da ética ocidental: o abandono da ética clássica da *eudaimonia* em benefício da ética do dever kantiana.

O programa kantiano de uma ética do dever inicia-se com a tentativa de superar as aporias da Metafísica "dogmática" no que diz respeito à sua legitimação (justificação). Entendida como ciência *a priori* dos princípios e como conceito da razão pura, intenta Kant elaborar a pergunta transcendental, isto é, a pergunta pela condição de validade e possibilidade dessa ciência própria à razão pura.

Por meio da distinção entre pensar (*denken*) e conhecer (*erkennen*) Kant, na Dialética transcendental, põe termo a qualquer pretensão de validade objetiva à Metafísica clássica (Ontologia), porque os objetos da Metafísica clássica podem ser pensados, mas não podem ser conhecidos. Ora, na Estética e na Analítica transcendentais, Kant apresenta as condições de validade e possibilidade para o conhecimento dos

---

⁶ Sobre a ética kantiana como metafísica da liberdade, ver SALGADO, Joaquim Carlos. *A ideia de justiça em Kant*: seu fundamento na liberdade e na igualdade. 2ª ed. Belo Horizonte: UFMG, 1995.

objetos reais, condições essas que afastam do campo do conhecimento, portanto do âmbito da ciência da razão pura, qualquer pretensão de validez objetiva às categorias centrais da Metafísica: Deus, a imortalidade da alma e a liberdade. Com essa distinção o filósofo de Königsberg opera uma verdadeira revolução e é precisamente nesse sentido que surge a modernidade.

Se é vedado à razão pura conhecer os objetos da Metafísica clássica, isto é, Deus, a imortalidade da alma e a liberdade, eles podem ser pensados pela razão prática. Precisamente essa distinção moverá o interesse da razão: 1) o interesse da razão teórica voltado para o conhecer e 2) o interesse prático voltado para o agir. Lícito, então, concluir que, se em Kant não há uma Ontologia, há uma Metafísica, segundo a acepção criada por ele.

A primazia da razão prática, ápice da metafísica da liberdade, será explicitada no interesse prático voltado para o agir, expressado por meio de dois conceitos fundamentais, boa vontade (*guter Wille*) e dever (*Pflicht*). Ausente o conceito de boa vontade, nada pode ser dito que seja bom moralmente e conexo à boa vontade segue a ação por dever (*aus Pflicht*).

Precisamente aqui está a chave da Metafísica kantiana: é o agir por dever que confere moralidade à ação, sendo o dever, portanto, *a priori*, visto que seu conceito não se fundamenta na experiência (*a posteriori*). Como tal, o dever implica validade absoluta da lei moral para todo ser racional, pois se origina *a priori* na razão pura prática. Como o agir por dever sugere uma vontade livre (moral) de respeito à lei, Kant elaborará, na Fundamentação da Metafísica dos Costumes, um princípio objetivo que seja o *medium* entre a lei e a vontade finita e que possibilite então a ação por dever caracterizada como ação moral. Por ser o agir por dever um agir necessário, trata-se de um imperativo categórico. Como regra prática destinada a um agir de modo contingente, ele é obrigatório para a vontade. Desse modo, o imperativo categórico é enunciado por meio de uma proposição sintético-prática *a priori* (lei e máxima) que, por ser categórico, deve exprimir a universalização da máxima.

Porque é *a priori* e formal, o imperativo categórico tem como corolário dois conceitos que serão a condição de possibilidade e validade do agir moral entendido como obediência incondicionada ao dever – os conceitos de vontade e universalização. Como vontade que se faz universal, isto é, vontade que se autodetermina pela obediência irrestrita à lei, tornando-se autolegisladora por dever, realiza a passagem do livre-arbítrio à liberdade por meio do conceito de autonomia.

Ora, precisamente aqui reside o momento em que é possível superar as antinomias próprias da razão pura. Nela o conhecimento dos objetos supremos da Metafísica – Deus, imortalidade da alma e liberdade – é impossível, ou seja, a Metafísica é inadmissível como ciência do real (Ontologia). Entretanto, na razão prática, faz-se possível a constituição de um objeto *a priori*, o qual se apresenta como fim último dos objetos que coroam a Metafísica kantiana: o Bem supremo, exigência necessária do ser racional por meio da lei moral que determina *a priori* a vontade e fundamenta a razão prática.

Nisso consiste a supremacia da razão pura prática em relação à razão pura teórica: enquanto à razão teórica é vedado o conhecimento dos objetos fundamentais da Metafísica, à razão prática é possível a solução dessa aporia, pois, com a resposta à pergunta "que devo fazer?", resposta que está necessariamente no plano do pensar, será dentro do próprio pensamento que se encontra a resolução do acesso àqueles objetos. O que se deve fazer é determinado pela lei racional da liberdade, que condiciona a vontade em vista do fim maior, o Bem.

Com a superação das antinomias da razão mediante a elevação do ser racional à existência do mundo inteligível, elevação realizada pela lei moral como única determinação *a priori* da liberdade, entender-se-á a existência do mundo inteligível (*Verstandeswelt*) como estatuto ontológico do *noumenon*, em outras palavras: o Bem alçado à categoria fundante da Metafísica, como categoria ontológica do mundo *noumenal*.

Nesse sentido, Kant retomará a Metafísica do Bem platônica, a qual, desde Aristóteles, está adstrita à Ontologia, substituindo, no entanto, a ética da eudaimonia pela do dever. Não obstante, subsiste algo irresoluto: se com o eu livre fora constituída uma ética do dever, a razão teórica de Kant não conseguiu responder satisfatoriamente ao problema do conhecimento da substância.

Hegel pretende contornar os limites da Ontologia clássica e da Metafísica moderna, mediante a radicalização da pergunta transcendental e a recuperação da bela totalidade grega. Assim, pretende ele conjugar em sua Filosofia o eu livre de Kant com a substância de Spinoza.

Como sabido, é a partir da História, da cultura e do *ethos* que o idealismo alemão configurará seu paradigma, de modo que a História se converta em matriz existencial do homem no tempo; a cultura, em obra humana da qual o *ethos* é a realidade normativa construída. No entanto, a chave semântica que permitirá ao idealismo alemão – período compreendido entre o surgimento da Crítica da Razão Pura de Kant e do nascimento de Hegel até sua morte, ou seja, de 1770 a 1831 – compreender o homem como criador da

História, como articulador de um aparato simbólico-cultural e como constituidor do *ethos* como normatividade será o conceito de expressão ou manifestação.

O desígnio do idealismo alemão será constituir o ser como história ou a estrutura teleológica da História como projeto humano, articulado dialeticamente entre a necessidade do dever-ser, entendida como racionalidade do *ethos*, e a liberdade do homem, como liberdade do sujeito histórico.

Com a superação do dualismo entre natureza e liberdade é que será possível compreender a dimensão especulativa do pensamento hegeliano e interpretá-la como filosofia da liberdade, ou seja, como eticidade fundamental.[7] Assim, o agir humano como agir ético deverá compor a estrutura do sistema hegeliano já em sua gênese, tornando-o assim sistema da liberdade.

Como liberdade, o sistema hegeliano percorre três estágios de manifestação do Ser que compreendem a Lógica, a Natureza e o Espírito. O acesso dialético à totalidade do sistema percorre dois roteiros: 1) o da Fenomenologia do Espírito, em que há o progresso da consciência, inicialmente como relação

---

[7] A ética hegeliana como metafísica da liberdade é interpretada como dialética entre *igualdade, liberdade* e *trabalho* em SALGADO, Joaquim Carlos. *A ideia de justiça em Hegel*. São Paulo: Loyola, 1996.

de oposição entre o ato de conhecer e o objeto, até o saber absoluto. Como se trata de movimento do conceito, a oposição entre sujeito e objeto é suprassumida no saber absoluto em que o sistema se edifica. A Fenomenologia se apresenta, pois, como a dedução do conceito no plano da ciência pura; 2) na Enciclopédia das Ciências Filosóficas, o percurso se dá da gênese do puro pensamento até a Ideia (Absoluto), processando-se a dialética entre puro pensamento e consciência que tem como síntese dialética também o conceito de Ideia.

Ora, esse movimento do conceito (da consciência ao Espírito absoluto) na efetivação do ser como expressão implica a constituição do sistema como identidade ou unidade do ser na diferença de suas manifestações, o que finalmente conduz, segundo um périplo dialético de uma identidade abstrata inicial, a uma pluralidade de manifestações na unidade concreta do sistema. A identidade entre ser e manifestação representará a supressão do dualismo entre natureza e liberdade, entre ser e dever-ser, ou a supressão daquilo que, para Kant, seria um dualismo insuperável entre os termos da razão pura em sua dimensão teórica e prática, isto é, entre ciência e ética.

Como manifestação do ser na Ideia, o agir humano se realiza nos domínios da consciência, da lógica, da natureza e da História. Como conhecimento do ser que se autodetermina, a consciência se abre ao cognoscível; a natureza se manifesta como mediação entre o plano lógico e o espiritual, pois é a natureza que, pelo trabalho[8], possibilita a passagem da estrutura lógica à cultura; a História vem a ser o lugar de manifestação do ser, da qual resulta a autodeterminação do conceito que se dá no agir humano em liberdade.

Assim, o sistema hegeliano pode ser caracterizado pela identidade entre ser e liberdade ou, em outros termos, entre Metafísica e Ética, uma vez que a dança dialética entre ser, manifestação e liberdade implica o aprofundamento de sua autodeterminação, ou seja, o aprofundamento radical da liberdade. Precisamente nisso consiste a originalidade da Ética hegeliana: na inteligibilidade do dever-ser como existência do Espírito na História, na medida em que o agir humano é interpretado como síntese dialética entre automanifestação e autodeterminação ou entre razão e liberdade.

Por ser consubstancial ao sistema, a Ética hegeliana é dotada de quatro pontos: (1) a Lógica; (2) a Filosofia da Natureza; (3) a passagem do Espírito subjetivo ao Espírito objetivo; (4) a passagem do

---

[8] Sobre o trabalho como categoria fundamental no pensamento de Hegel, *Cf.* SANTOS, José Henrique. *Trabalho e riqueza na fenomenologia do espírito de Hegel*. São Paulo: Loyola, 1993.

O DIREITO COMO RECIPROCIDADE...

Espírito objetivo ao Espírito absoluto, na Introdução à Filosofia do Direito.

Como movimento dialético da ideia de liberdade, a unidade do sistema hegeliano é articulada a partir de sua significação ética, o que se dá na passagem da doutrina da essência para a doutrina do conceito na Ciência da Lógica, porquanto o conceito é concebido como forma lógica da liberdade. Por conseguinte, a Ética hegeliana encontra seu fundamento lógico como sistema da liberdade na doutrina do conceito e precisamente no seu desenvolvimento é que a liberdade será manifestada como Ideia.

Não obstante, as diversas acepções do termo conceito, seja como abstração do sensível (aristotélico-tomista), como ideia objetiva (Descartes) ou como síntese categorial (Kant), em Hegel ele adquire uma singularidade na história da Filosofia, tanto como resultado da dialética entre a imediatidade do ser e a essência, quanto como processo dialético que conduzirá à Ideia absoluta. Nesse sentido, a ideia é liberdade, conferindo uma estrutura ética ao sistema hegeliano.

A Ideia, como objetivação do Espírito livre, manifesta-se nas obras históricas, realizando-se no fazer histórico. Sua inteligibilidade emana do realizar-se progressivo da liberdade. Destarte, é na Filosofia do Espírito objetivo (Filosofia do Direito) que haverá a realização efetiva da liberdade.

Quatro são os pontos angulares da Filosofia do Direito entendida como dialética de liberdade, dialética como processo de expansão do conceito por ele mesmo, isto é, um autoproduzir-se imanente das determinações do conceito, forma lógica da liberdade. Os quatro pontos são: (1) na Ciência da Lógica, a passagem da substância ao conceito; (2) ao termo da Ciência da Lógica, a Filosofia da Natureza, como *medium* entre a estrutura lógica e a cultura; (3) na Enciclopédia III, a passagem da Filosofia do Espírito subjetivo ao Direito, como reino concreto da liberdade e (4) na Filosofia do Direito, a explicitação do pensar a liberdade enquanto efetivada. Assim, será a Filosofia do Direito desdobrada nos momentos de universalidade, particularidade e singularidade.

Convém explicitar uma distinção, a fim de que se possam compreender o significado e o alcance da Filosofia do Direito de Hegel. Ao falar de Direito, não se refere Hegel simplesmente à realidade concreta da lei, como descrição factual da norma jurídica, limitando-se a uma representação (*die Vorstellung*) da realidade jurídica. Ao pensar o Direito, pensa-o como a existência abrangente das determinações da liberdade como conceito (*der Begriff*), à proporção que se efetiva como vontade que se dá a si mesma. Desse modo, há uma coincidência entre o jurídico e o ético, que se confundem e implicam.

O programa dialético da Filosofia do Direito desdobra-se em três estágios no caminho de realização efetiva da liberdade: (1) o Direito, em seu sentido estrito; (2) a Moralidade e (3) a Eticidade, como vida ética concreta.

No Direito, a pessoa (sentido jurídico) situa-se no plano da universalidade abstrata e como tal se relaciona com as outras e com as coisas, relação que se dá imediata e extrinsecamente e que se efetiva por meio da propriedade e dos contratos, os quais, como relação, implicam a ação ética. Na Moralidade, o indivíduo se particulariza pela reflexão subjetiva de sua liberdade, subjetividade que é fonte do agir moral e que, como subjetiva, é particular. Como ação particular do indivíduo, o agir moral recebe sua especificação ética na Filosofia do Direito por meio das seguintes categorias: propósito e culpa, intenção e bem, bem e consciência do dever. Os termos Direito e Moralidade têm importância vital para a compreensão do significado da Ética hegeliana, pois, por meio da ideia de Bem concreto alcançado pela liberdade, Hegel superará a dicotomia entre os momentos prático e teórico da razão. Como sujeito concreto, o indivíduo ético tem consciência de si mesmo e pode agir inserido na estrutura normativa que o envolve como *ethos*. Envolto por esse *ethos*, o indivíduo se autodetermina à proporção que livremente se submete aos seus deveres morais e jurídicos, dá a essa ação a qualidade de virtude, e participa, em consequência, do universo ético.

Se, com o Direito e a Moralidade Hegel dialoga com a Ética moderna, notadamente com Kant e Fichte, com a Eticidade retoma ele o caminho traçado pelo *ethos* ocidental, deixando entrever a influência preponderante de Aristóteles.

Na Eticidade, retoma Hegel a tripartição dialética da substância ética: a família, a sociedade civil e o Estado. Tripartição dialética que guarda correlatos na Lógica: a família, à lógica do Ser; a sociedade civil, à lógica da Essência; e o Estado, à lógica do Conceito.

Na família, o indivíduo está integrado numa universalidade ainda abstrata, visto que inserido em um *ethos* dado imediatamente na necessidade das relações. Na sociedade civil, a imediatidade das relações é suprassumida na particularização das relações, passando a existir como pessoa. No Estado, o indivíduo reencontra a universalidade na forma da singularidade de seu existir como indivíduo universal, ou na sua universalidade concreta como cidadão.

Esse roteiro dialético, como forma de realização da liberdade, nos momentos de universalidade, particularidade e singularidade, suprassumidos na família, na sociedade civil e no Estado, incorpora a um só tempo a Metafísica do Bem (Ontologia) e a Metafísica da Subjetividade, isto é, a Ética Clássica e a Ética Moderna.

1.3 CULTURA E ISONOMIA

As veredas do Direito e da Política no atual cenário internacional desdobram-se na multiplicidade de conflitos regionais, resumidos em um projeto de igualdade cultural. Molda-se, lenta, mas progressivamente, uma incompatibilidade radical entre "nós", os ocidentais, e "eles", os que professam um outro credo e uma outra forma de vida. Forja-se essa distinção de modo muito sutil, por meio da massificação cultural que, entre nós, é expressa pela indústria cultural. Cada vez mais há uma padronização dos modos de vida.

Pode-se dizer que os habitantes do Brasil e os dos Estados Unidos, por exemplo, vestem as mesmas roupas, ouvem as mesmas músicas e assistem aos mesmos filmes. De repente, tal estilo de vida é contraposto a todos os demais. E aquilo que é culturalmente elaborado passa a ser entendido como *natural* e próprio a uma civilização específica.

Justamente quando o aparato simbólico reveste-se de institucionalidade, como política estatal, as armas passam a ser o invólucro que institucionaliza a imposição cultural. A pretensa incompatibilidade cultural estaria na base de uma política de eliminação progressiva de estilos de vida distintos. Eis o ponto central. Paulatinamente, tenta-se, a partir de uma política que é ao mesmo tempo cultural e estatal, eliminar o outro, a alteridade. No fundo, os conflitos, como o do Iraque, são bem mais do que uma intervenção regional cuja finalidade seja afirmar a supremacia militar e econômica no Oriente Médio. Pretende-se estabelecer uma superioridade civilizatória planetária.

Pergunta-se: como o Direito pode responder legitimamente aos dilemas postos por nossas dicotomias? Como no seio desta sociedade complexa, altamente especializada, podem-se ordenar condutas de modo legítimo?

Não é lícito olvidar que a legitimidade para o exercício do poder tende a se perder nos aparatos burocráticos. Com essa advertência como pano de fundo, tanto na Filosofia quanto no Direito, há um consenso de que a tarefa específica do Estado consiste em efetivar e institucionalizar os direitos fundamentais.

Por que efetivar e institucionalizar? Porque quem dispõe da faculdade de efetivar pode negar-se a realizar tal tarefa. Daí porque é preciso mais do que a tarefa de efetivação. É necessário que a estrutura estatal seja concebida como instituição dos direitos fundamentais. Como fazer isso? Criando mecanismos institucionais que tornem os direitos fundamentais origem e finalidade não apenas do Estado, mas de todas as instituições, inclusive as não-estatais.

O DIREITO COMO RECIPROCIDADE...

Um primeiro passo seria a criação de uma burocracia altamente profissionalizada, restringindo ao máximo a perspectiva do governante de nomeações para cargos de confiança. Do mesmo modo, não é permitido esquecer que o *mandato* no Estado nacional é *representativo*. Aqui, como alhures, é como se o mandato fosse *imperativo*, isto é, os governantes dispõem do serviço público da forma que lhes é mais conveniente, a fim de acomodar seus interesses e distribuir benesses. Como entendem que o Estado lhes pertence, fazem das políticas estatais moeda de troca. Com uma burocracia estatal, profissional e especializada, os direitos fundamentais podem ser institucionalizados como gênese e, ao mesmo tempo, propósito das políticas públicas. Assim, blinda-se o exercício do *mandato representativo* contra os *voluntarismos* típicos dos Estados ditatoriais.

Na esfera econômica, por conseguinte, há um realinhamento do eixo capital-trabalho. Aquilo que, desde a Revolução Industrial, define a produção de riquezas passa a coexistir com, ao menos, mais dois vetores econômicos: o mercado de capitais e o capital especulativo. Esses dois novos atores do cenário econômico propiciam o surgimento de uma dimensão desconhecida pela Economia clássica e que agora obriga as políticas econômicas a reverem suas estruturas. Trata-se dos pólos incluídos-excluídos.

Ora, o eixo da relação fabril de produção baseia-se no processo estabelecido entre trabalho e detenção dos meios de produção. Tem-se com isso a formalização do trabalho mediante a *limitação* das oportunidades de emprego e a oferta *ilimitada* de mão-de-obra. O *déficit* entre oferta e procura é a mola propulsora do capitalismo fabril. É por meio desse processo que a *mais-valia* é possível.

Pode-se dizer que a estrutura simbólica do século XX circunscreve-se à relação capital-trabalho. Não apenas ideologicamente, com a formação de sindicatos de trabalhadores e associações patronais, mas também as políticas sociais têm em vista a organização da sociedade em torno do trabalho. Em seu entorno, baseia-se toda a teia de políticas e programas sociais.

Contudo, a sofisticação das relações econômicas redundou em aproveitamento cada vez menor de mão-de-obra desqualificada, reservando a ela trabalho esporádico e informal; à produção fabril, fundada na apropriação do trabalho pelos que detêm os meios de produção, sucede a automação da produção, com a consequente dispensa permanente e extinção dos postos de trabalho, e à produção sucede um movimento de capitais cujo eixo se encontra na reprodução *autopoietica* do capital.

A esse movimento se seguiram forte onda de desemprego e esfacelamento das políticas sociais, inclusive com falência das previdências sociais. As perguntas que emanam do presente contexto são: Como enfrentar o problema do desemprego? Como remunerar o trabalho e a aposentadoria? Vale lembrar que o aparato estatal tributa os meios de produção e o trabalho, tendo em vista o financiamento dos projetos sociais que visam salvaguardar os sujeitos passivos da *mais-valia*: os trabalhadores.

O paradoxo deste processo é que tudo gira em torno de uma relação própria às fábricas, de algo que surge pautado por um tipo específico de vinculação, baseado na apropriação que tem, no trabalho, o elo frágil da cadeia de produção. Ao redor disso são articulados sindicatos, partidos, legislações etc. Some-se o fato de que a economia não se movimenta somente em função da produção, mas, ainda, que o capital *improdutivo* assume as rédeas do processo.

Em decorrência, aqueles que são atores do processo econômico atual permanecem circunscritos às suas inovações e diretrizes. Eles são, ao mesmo tempo, pólo passivo e ativo do sistema das necessidades que lhe é intrínseco. E as políticas públicas são o repositório que tenta corrigir as distorções ou aviltamentos próprios ao desequilíbrio entre oferta e procura.

O problema é que este processo econômico, e seu sistema das necessidades, refere-se àqueles que gravitam em torno da atividade econômica, deixando à mercê do anonimato e da anomia todos os *apátridas* do trabalho. Em resumo, o processo gira ao redor daqueles que agora são definidos como economicamente *ativos* ou *inativos*. E aqueles que estão definitivamente afastados de tal processo, aqueles que não são nem *ativos* nem *inativos*, ou seja, os *excluídos*?

Em tal cenário, a dimensão moral impõe-se pela importância que assumiu na modernidade. Sabe-se que, na transição do *ancién regime* para a modernidade, a orientação da conduta funda-se em um duplo aspecto: a sanção estatal e a reprovação moral. Essas duas nuanças são o repositório *prático* emanado de um longo processo de secularização que tem, na *cisão religiosa*, o ponto mais alto da derrocada de uma normatividade acrítica.

Embora o mundo clássico tenha conhecido formas de ordenação de condutas e a Roma antiga, o conceito de Jurisprudência, ambos não conheceram nem o conceito de *autonomia*, nem o de *direito subjetivo*, tampouco o de *Estado nacional*. Eles são corolários de uma forma de vida em que há a apropriação subjetiva da realidade.

A apropriação subjetiva da realidade é operada mediante a diferença entre sujeito e objeto, distinção que se eleva a patamar especulativo por meio de Descartes. No *Discurso do Método* (1637) é introduzida

O DIREITO COMO RECIPROCIDADE...

a dúvida metódica como a forma de o sujeito distinguir entre ficção e realidade e, assim, chegar a um conhecimento seguro. Ocorre que o ato de conhecer se funda na subjetividade, pois o sujeito cognoscente pode de tudo duvidar, exceto do fundamento sobre o qual a dúvida é estruturada. Assim, cunha "penso, logo existo" como matriz a partir da qual a certeza da existência do "Eu" se constitui como sede do conhecimento.

Por ter o conhecimento uma sede, há a apropriação subjetiva daquilo que é conhecido. Com a distinção entre *aquele* que conhece e *aquilo* que é conhecido, molda-se, portanto, a separação entre sujeito e objeto. Mediante tal distinção, será possível a Descartes fundar a apropriação da realidade atual ou transcendente no sujeito, de modo a constituí-lo a fonte geradora de todas as dimensões cognoscíveis.

A apropriação da realidade pelo sujeito permitirá a transição da culpa objetiva para a subjetiva. Isso significa que os desvios de conduta não mais serão creditados à coletividade, nem tampouco haverá expiação coletiva. O sujeito será responsável pelos seus atos, eliminando a ideia escatológica de inexorabilidade ou a soteriológica de predestinação.

Este processo de constituição da *autonomia* encontrará o ápice em Kant. Por meio da distinção entre *pensar* e *conhecer*, operada na *Primeira Crítica*, a

Metafísica clássica é abandonada, em virtude de seus objetos não poderem ser conhecidos, apenas pensados. Com isso, Kant dará um novo *telos* à liberdade: o dever.

Agir por dever será o mandamento sublime da moralidade. Por conseguinte, livre é somente aquele que é capaz de se autodeterminar. Às perguntas "como ser livre?" e "como agir moralmente?", Kant oferece, como resposta, o *imperativo categórico*, ou seja, *aja de tal modo que a tua ação seja elevada à máxima universal*, pois a todos cabe responder pela exigência geral de universalização, isto é, de oferecer razões plausíveis que são passíveis de receber o assentimento geral de todos os concernidos. É assim que a Teologia cede lugar à moralidade e à juridicidade como matriz ordenadora de conduta.

No cenário moderno, o *antropocentrismo* realiza-se mediante a bifurcação das possibilidades do agir, pois, se é certo que, como em Descartes, o conhecimento encontra guarida na subjetividade, é igualmente certo que o conhecimento do dever necessariamente não implica sua execução. Assim, as possibilidades do agir guardam uma dupla dimensão: a dimensão moral e a dimensão jurídica.

Não obstante, a juridicidade exerce um papel de complementaridade funcional com a moralidade. Assim, teríamos uma orientação de conduta não-institucional, pertinente à moralidade, e uma outra propriamente institucional, a jurídica. A dimensão normativa da juridicidade caracteriza-se pela introdução de um mecanismo institucional de reprovação e de determinação de conduta, pois as condutas desviantes e as almejadas obtêm exigibilidade por meio do monopólio estatal da força.

A fim de constituir uma igualdade fincada na liberdade, é necessário lançar um olhar sobre cenário tão complexo. Convém, portanto, que a igualdade possa ao menos navegar entre as demandas de um tempo que se centra na multiplicidade de suas vozes.

Como, então, articular um conceito de igualdade que contemple a diversidade cultural? Como perquirir sobre a igualdade de fato quando se é excluído do processo de produção de riquezas? Como exigir de alguns o cumprimento de normas que nem mesmo podem ser consideradas como obrigação para muitos?

Requerer igualdade quando são oferecidas as mesmas oportunidades e horizontes é bem diferente de exigir o seguimento de normas que não fazem sentido exatamente por desconhecerem sua materialidade cultural, econômica ou jurídica. Por que seguir a lei se seu descumprimento faz parte do padrão comportamental da elite? Por conseguinte, ainda que a igualdade seja uma exigência universal, ela deve fundar-se na liberdade e com as exigências factuais de uma sociedade concreta.

1.4 A TRANSFORMAÇÃO DO DIREITO

É bastante expressivo que Habermas atribua ao Direito a tensão entre facticidade e validade. Seu projeto perseguirá o desiderato de, ao mesmo tempo, definir o Direito a partir da tensão entre *facticidade* e *validade*, e de adequar o *Direito* tanto à *reviravolta linguística*, como às exigências de *legitimidade*.[9]

A *transformação* do Direito operada por Habermas resultará em três perspectivas.[10] A primeira, a constituição de uma *normatividade* diversa da *razão prática*, na medida em que a *razão comunicativa* se constitui como normatividade *a posteriori*. A segunda, não sendo imediata, mas apenas mediatamente normativa, a *validade* inerente ao Direito é *falível*, estando, portanto, sempre aberta à problematização e à revisão, tendo o Direito que se instituir como disciplina prescritiva e ao mesmo tempo falível. A terceira, a rearticulação da relação entre Direito e Moral: há uma *simultaneidade genética* entre ambas esferas, não havendo preponderância normativa de

---

[9] Quanto à problemática da legitimidade, *Cf.* MOREIRA, Luiz. "Legitimation des Rechts bei Habermas" [Legitimação do Direito em Habermas]. *Zeitschrift Aufklärung und Kritik* [Revista Esclarecimento e Crítica], Nürnberg, ano IX, n. 1, 2002, pp. 70-88.

[10] MOREIRA, Luiz. *Fundamentação do Direito em Habermas*. 3ª ed. Belo Horizonte: Mandamentos, 2002.

uma sobre a outra, ao mesmo tempo em que há uma *relação de complementaridade* operada por meio do processo legislativo.

Qual é o projeto que pretende ser superado por Habermas? A constituição de uma esfera *imediatamente legislativa* para a constituição de uma *comunidade jurídica autônoma*. Justamente nisso consiste o diferencial da *Teoria Discursiva do Direito*, isto é, o afastamento de uma esfera privilegiada de normativismo jurídico, ou seja, a negação da concepção de existência de um modelo para o ordenamento jurídico.

Assim, a Teoria Discursiva do Direito não privilegia um *direito formal* (Estado liberal), tampouco um *direito material* (Estado social), pois não se atém a padrões dados, mas à constituição de uma *liberdade comunicativa* que assegura o perpetuar-se da criação do ato jurídico como *processo constituinte permanente*.

Como paradigma *procedimental*, reveste-se de caráter *prescritivo* somente a *liberdade comunicativa*, continuamente procedendo às melhores razões que se põem na dança entre a *facticidade* das objeções e proposições e a *idealidade* contida em pretensão à aceitabilidade universal.

Nesse caso, é a liberdade de constituir seu próprio horizonte, seu arcabouço conceitual e sua normatividade jurídica que é elevada a paradigma, mas não formas de vida dadas imediatamente. A normatividade que é elevada a paradigma é uma *normatividade posterior*, fruto de um processo decisório constante, que cria e constitui seu próprio sentido.

Como a normatividade do Direito emana da pretensão à *aceitabilidade racional*, ela é circunscrita à *democracia*, tendo de estabilizar-se entre idealidade e efetividade. Isto é, o Direito prescreve condutas após a formação democrática daquilo que é tido como devido ou não devido. A normatividade jurídica é fruto de um *consenso*, sendo, pois, uma *prescrição a posteriori*. Por ser a *posteriori* é que ela se distingue da normatividade da razão prática.

Portanto, *não* há de se falar em *falta* de *normatividade* ou de *prescrição* no Direito ou na Teoria Discursiva do Direito de Habermas. Em outras palavras, a teoria do Direito, como teoria adstrita ao Estado nacional segundo a formulação dada por Habermas, é *prescritiva*, pois *normatiza condutas* após uma formulação *consensual* daquilo que é passível de *universalização*. Isto porque, para Habermas, o normativismo proveniente da razão prática, em sua gênese, transfere-se para os dispositivos legais.[11]

---

[11] HABERMAS, Jürgen. *Direito e Democracia*: entre facticidade e validade. vol. II. Tradução de Flávio Beno Siebeneichler. Rio de Janeiro: Tempo Brasileiro, 1997, pp. 189/190: "O projeto de

O DIREITO COMO RECIPROCIDADE...

Como instituição prescritiva, as normatizações operadas pelo Direito têm como características: a) a ideia de plenitude do ordenamento jurídico, decorrente do monopólio da jurisdição e b) a pré-compreensão dominante na sociedade, de modo que o Direito possa servir de resposta aos problemas que surgem no seio dela.

Assim, para Habermas, a formulação da normatividade jurídica parte de um pano de fundo (horizonte de sentido) que constitui a visão que os cidadãos têm da sociedade. Os cidadãos formam um diagnóstico de sua época e, a partir daí, elaboram um código jurídico[12] a fim de normatizar a conduta, isto

---

realização do direito, que se refere às condições de funcionamento de nossa sociedade, portanto de uma sociedade que surgiu em determinadas circunstâncias históricas, não pode ser meramente formal. Todavia, divergindo do paradigma liberal e do Estado social, este paradigma do direito não antecipa mais um determinado ideal de sociedade, nem uma determinada visão de vida boa ou de uma determinada opção política. Pois ele é formal no sentido de que apenas formula as condições necessárias segundo as quais os sujeitos do direito podem, enquanto cidadãos, entender-se entre si para descobrir os seus problemas e o modo de solucioná-los".

[12] HABERMAS, Jürgen. *Direito e Democracia*: entre facticidade e validade. vol. II. Tradução de Flávio Beno Siebeneichler. Rio de Janeiro: Tempo Brasileiro, 1997, p. 124: "Para entender os argumentos e decisões que acompanham as respostas dadas pelos atores a algo, é necessário conhecer a imagem implícita que eles formam da sociedade como um todo, além de saber que estruturas,

é, estabelecem um código em que se prescreve o devido e o não-devido.

Nesse sentido é que, para Habermas, a dimensão de *validade* do Direito e a força *legitimadora* de sua *gênese democrática*, ou seja, o processo da política deliberativa, constitui o âmago do *processo democrático*. Assim é que a *razão comunicativa*, como *razão prescritiva a posteriori*, assume uma figura procedimental emanada do Estado nacional.

Porque Habermas deseja fazer uma distinção entre o *Direito* como disciplina autônoma e a *política deliberativa*, ele formulará a tensão entre facticidade e validade em duas dimensões. Como normatividade *a posteriori*[13], como núcleo procedimental da democracia,

---

realizações potenciais e perigos eles atribuem à sociedade contemporânea, quando tentam realizar a sua tarefa, que é a de concretizar o sistema dos direitos".

[13] HABERMAS, Jürgen. *Direito e Democracia*: entre facticidade e validade. vol. II. Tradução de Flávio Beno Siebeneichler. Rio de Janeiro: Tempo Brasileiro, 1997, p. 190: "o novo paradigma submete-se às condições da discussão contínua, cuja formulação é a seguinte: na medida em que ele conseguisse cunhar o horizonte da pré-compreensão de todos os que participam, de algum modo e à sua maneira, da interpretação da constituição, toda transformação histórica do contexto social poderia ser entendida como um desafio para um reexame da compreensão paradigmática do direito. Esta compreensão, como aliás o próprio Estado de direito, conserva um núcleo dogmático, ou seja, a ideia da

O DIREITO COMO RECIPROCIDADE...

essa tensão será elaborada *intrinsecamente*, (1) no cerne do próprio Direito e, *extrinsecamente*, (2) nos processos políticos através da normatividade estatal.[14]

1) Como *instituição*, o Direito estabiliza a tensão entre facticidade e validade. Internamente, ou seja, no âmago do próprio Direito, a tensão situa-se, de um lado, na facticidade dos procedimentos jurídicos e, de outro, na pergunta pela validade desses procedimentos.

Enquanto *facticidade*, os procedimentos jurídicos formam-se como exigência universal de que seja não apenas garantida, mas *institucionalizada* a sua realização, segundo o *contraditório* e a *ampla defesa*, a *isonomia* e a mediação por um *terceiro imparcial*. Isto é, os princípios sob os quais são instituídos os procedimentos jurídicos não se apresentam apenas como *garantias* frente à usurpação estatal, mas são concebidos como

---

autonomia, segundo a qual os homens agem como sujeitos livres na medida em que obedecem às leis que eles mesmos estabeleceram, servindo-se de noções adquiridas num processo intersubjetivo. Contudo, esta ideia é 'dogmática' num sentido *sui generis*. Pois nela se expressa uma tensão entre facticidade e validade, a qual é 'dada' através da estrutura linguística das formas de vida sócio-culturais (*sic*), as quais *nós*, que formamos nossa identidade em seu seio, não podemos eludir".

[14] HABERMAS, Jürgen. *Direito e Democracia*: entre facticidade e validade. vol. II. Tradução de Flávio Beno Siebeneichler. Rio de Janeiro: Tempo Brasileiro, 1997, p. 10.

estrutura intrínseca à normatividade estatal, surgindo como *instituição*.

Desse modo, é posto em ação um movimento helicoidal que consubstancia o Estado, institucionalizando-o como democrático. Assim, os procedimentos têm por *finalidade* efetivar a *justiça* e a *liberdade*, e, com esse objetivo, funcionam como *instrumento* de correção à falibilidade inerente ao Direito. O Direito normatiza sua própria falibilidade. Como uma instituição é simultaneamente falível e normativa? Sob o ponto de vista procedimental, ou seja, fáctico, por ser falível e normativo é que o Direito garante adesão e reconhecimento como *medium* de integração social, pois, como lhe cabe solucionar conflitos de modo justo, tanto mais logrará êxito quanto mais adequar-se e abrir-se às novas demandas de normatização ao reconhecer-se como revogável.

Já o questionamento pela *validade* dos procedimentos jurídicos nos põe diante da pergunta pela diferença entre os realizados sob a égide de Estados democráticos e aqueles que se dão nos Estados totalitários. Pode-se pôr em ação um *devido processo legal* ou mesmo *constitucional* e instituir o arbítrio. Contudo, não é admissível esquecer que todas as ditaduras do século XX fizeram sempre recurso a estrutura jurídica para legitimar suas ordens e violações. Cria-se um arcabouço jurídico e é fácil concluir como devido este ou aquele procedimento. Como é preciso aprender com os erros, percebe-se que a validade dos procedimentos se forma, na verdade, pela *autonomia* do *sujeito de direito* e pela composição entre *soberania do povo* e *direitos humanos*.

Ao contrário do que afirma Habermas, a ideia de autonomia de modo algum se constitui como *núcleo dogmático*[15] do Estado. Antes, ao contrário.

Em uma demonstração categórica sobre o processo de passagem do *ethos* à Ética, Lima Vaz[16] designará a autonomia como *movimento dialético da ação segundo a teleologia da liberdade*.[17] A autonomia é

---

[15] HABERMAS, Jürgen. *Direito e Democracia*: entre facticidade e validade. vol. II. Tradução de Flávio Beno Siebeneichler. Rio de Janeiro: Tempo Brasileiro, 1997, p. 190.

[16] LIMA VAZ, Henrique Cláudio de. *In*: TOLEDO, Cláudia; MOREIRA, Luiz. *Ética e Direito*. São Paulo: Loyola, 2002, p. 34: "Enquanto produtora de símbolos ou enquanto portadora da significação do seu objeto, a ação manifesta desta sorte uma propriedade constitutiva da sua natureza: ela é medida (*métron*) das coisas e, enquanto tal, eleva-se sobre o determinismo das coisas e penetra o espaço da liberdade".

[17] LIMA VAZ, Henrique Cláudio de. *In*: TOLEDO, Cláudia; MOREIRA, Luiz. *Ética e Direito*. São Paulo: Loyola, 2002, pp. 35/36: "Com efeito, em todos os grandes domínios das formas simbólicas, cuja articulação constitui o mundo da cultura, na linguagem, no mito, no saber, no trabalho, na organização social, o *ethos* irá encontrar expressões da sua normatividade que se apresentam como transcendentes à ação efêmera do indivíduo.

pensada então como obra do permanente realizar-se da liberdade. É a liberdade, a autonomia, portanto, que se apresenta como centro irradiador da racionalidade no Estado moderno, racionalidade essa que se projeta como institucionalização do poder e sua ordenação normativa, ambas suprassumidas na forma de uma Constituição.

Assim, a competência e o desígnio do Estado, igualmente sua funcionalidade, cingem-se à ideia de efetivação da liberdade mediante a normatividade estatal dos *direitos fundamentais*. É, destarte, a autonomia dos sujeitos de direito que estrutura o Estado como normatividade da liberdade ou como ordenação da justiça. Outrossim, desde a tradição oral grega[18] que a *liberdade* é pensada como atrelada à *lei*. Se o Direito

---

Enquanto mundo objetivo de realidades simbolicamente significadas e que tende, pela tradição, a perpetuar-se no tempo, a cultura mostra, assim, toda uma face voltada para o dever-ser do indivíduo e não apenas para a continuação do seu ser: nela o indivíduo encontra, além do sistema técnico que assegura a sua sobrevivência, ainda e sobretudo o sistema normativo que lhe impõe a sua auto-realização".

[18] LIMA VAZ, Henrique Cláudio de. *In:* TOLEDO, Cláudia; MOREIRA, Luiz. *Ética e Direito.* São Paulo: Loyola, 2002, p. 43, nota 50: "*Themis*, 'ordenação', no vocabulário homérico remete à aplicação da justiça sob a égide de Zeus; *Díke*, 'justiça', próprio do vocabulário hesiódico, personalizada numa deusa todo-poderosa, exprime através do conceito de igualdade a racionalidade do direito".

O DIREITO COMO RECIPROCIDADE...

é, para Habermas, igualmente um saber e uma instituição, logo, obra da liberdade, claro está que sua afirmação de dogmaticidade é contraditória com os princípios da Teoria Discursiva do Direito.[19]

É a ideia de autonomia, por conseguinte, que nutre a expectativa de que a *normatividade jurídico-estatal* seja concebida como emanação da *vontade livre* de cidadãos associados e como *lei* dotada de *reconhecimento universal*. É essa ideia motriz que articula a de sujeito de direito, pondo em movimento uma normatividade jurídica que é ao mesmo tempo *autônoma*

---

[19] Como, por exemplo, em HABERMAS, Jürgen. *A inclusão do outro*: Estudos de teoria política. Tradução de George Sperber e Paulo Astor Soethe. São Paulo: Loyola, 2002, p. 168: "Se a autodeterminação democrática quer dizer participação homogênea de cidadãos livres e iguais no processo de tomada de decisões e da legiferação, o que muda com a democracia em primeira linha, são a espécie e o exercício da soberania interna. O Estado democrático de direito revoluciona o fundamento da legitimação do poder", p. 286: "há ordens jurídicas estatais sem instituições próprias a um Estado de direito, e há Estados de direito sem constituições democráticas. Essas razões empíricas para um tratamento acadêmico dos dois objetos marcados pela divisão do trabalho, porém, não significam de modo algum que possa haver do ponto de vista normativo um Estado de direito sem democracia", p. 287: "Pois no modo de validação do direito a facticidade da imposição do direito por via estatal enlaça-se com a força legitimadora de um processo instituidor do direito, o qual, de acordo com a sua pretensão, é racional, justamente por fundamentar a liberdade".

e *heterônoma*. Autônoma, pois criação e reflexo da vontade livre que dá a si mesma as próprias leis e, heterônoma, por reconhecer, na normatividade proveniente de uma estrutura estatal, a legitimidade necessária para prescrever condutas, sendo o Estado a projeção da vontade associada e, como tal, a instituição por excelência da liberdade.

Por meio do *sujeito de direito* entendido como *universalidade de inclusão* e *reconhecimento*, surge no horizonte da modernidade a *estrutura intersubjetiva* de *direitos*. No momento em que essa estrutura é instituída, forma-se a legitimidade. Por ser jurídica, a inter-relação entre sujeitos é mediada por uma liberdade de associação e criação de uma ordenação estatal que prescreve e disciplina condutas. Ao obedecerem às leis estabelecidas por eles próprios, todo o monopólio do poder jurídico concentra-se nos sujeitos de direito.

É este poder jurídico que forma o aparato estatal, sendo, por seu turno, a *norma jurídica* expressão da *liberdade* e da *igualdade* dos cidadãos. Como legislação que os sujeitos de direito prescrevem a si mesmos, o ordenamento jurídico é a emanação *soberana* do *poder legiferante* do *povo* associada à inserção de uma substância nas condições formais da institucionalização da liberdade, substância essa que são os *direitos humanos*, normas de igualdade e reconhecimento exigíveis universalmente.

O DIREITO COMO RECIPROCIDADE...

Por intermédio da síntese entre soberania do povo e direitos humanos[20] insere-se universalidade material na universalidade abstrata da lei, suprassumidas como *universalidade* da *liberdade* e da *igualdade*, ou seja, enquanto *ordenação justa da liberdade*.

2) A outra dimensão da tensão entre facticidade e validade é *extrínseca*, englobando a *facticidade* dos *processos políticos* cujas formulações históricas concretas buscam dar respostas palpáveis a problemas específicos e a pretensão à *aceitabilidade racional* inerente à *normatividade* jurídica.

As normas jurídicas satisfazem hipoteticamente a aspiração de gerar justiça e liberdade. Como tal, o Direito necessita normatizar as demandas existentes em cada contexto histórico.

Com base na *soberania legiferante do povo*, nos *direitos fundamentais* e no seu *exercício* que se dá o constante aperfeiçoamento do Direito. Esse processo de aperfeiçoamento se mostra por meio de regras procedimentais e pela participação popular. A fim de favorecer a racionalidade, no sentido de previsibilidade do trâmite procedimental e universalidade da lei, as

---

[20] Para uma análise pormenorizada desta síntese entre soberania do povo e direitos humanos, *Cf*. MOREIRA, Luiz. *Fundamentação do Direito em Habermas*. 3ª ed. Belo Horizonte: Mandamentos, pp. 158-165.

demandas circunscrevem-se a um procedimento legislativo com regras previamente definidas segundo a sua especificidade da demanda e, por seu turno, o processo legislativo abre-se à participação livre e em igualdade de oportunidade, mediante regras de *quorum*, regras de participação e representação, equilíbrio entre entes federativos etc.

À exigência de previsibilidade e universalidade dos procedimentos e processos legislativos vem juntar-se a de positivação da falibilidade normativa. Consequentemente, o procedimento e o processo legislativo, a fim de institucionalizar a vontade democrática dos cidadãos, além de possibilitar a *autoconstituição da liberdade comunicativa* criadora de uma normatividade jurídica, deve ser munido de *correição processual*, de modo que seja afastada qualquer decisão arbitrária ou restritiva de direitos.

No entanto, esses processos políticos de formação e institucionalização da vontade democrática dos cidadãos, livres e iguais, é momento necessário, mas não suficiente de efetivação da liberdade. A sua circunscrição aos limites da facticidade procedimental instituída pelo ordenamento jurídico pouco ou nada de diferente tem das formulações do *positivismo* ou do *normativismo jurídico* – dado que resultaria no abandono de uma instância crítica ou regulativa –, uma vez que assumiríamos, agora, sim, uma posição dogmática em *sentido estrito*. Tal dogma fincaria suas raízes no hipostasiamento do procedimento, na ideia de infalibilidade e de prescrição *a priori* do processo político de tomada de decisões como medida de legitimidade.

Extrinsecamente, a tensão entre facticidade e validade dá-se através da normatividade obtida com o Direito moderno. A normatividade se apresenta como inter-relação de sujeitos de direito que se articulam na perspectiva universal da *reciprocidade* de seus *direitos e deveres*. A reciprocidade é suprassumida no exato momento em que os sujeitos de direito, associada e livremente, fundam uma *normatividade livre*. Por meio da síntese entre autonomia e heteronomia, cujo *elo* é o sujeito de direito, é instituída uma *universalidade jurídica*, ao mesmo tempo formal e material, pela associação livre dos sujeitos de direitos.

Assim, o poder soberano dos sujeitos de direito é obra da *liberdade* e da universalidade da *igualdade*. Sendo criação de todos os cidadãos, torna também universal a *obrigatoriedade* jurídica (isonomia). Uma obrigatoriedade, *prescritiva* e *a posteriori*, que por meio dos sujeitos de direito institucionaliza a liberdade e a igualdade em sociedades complexas e que têm no Direito o *medium* ao mesmo tempo normativo e democrático.

Como relação recíproca de isonomia e autonomia, a intersubjetividade de direitos desempenha padrão crítico de racionalidade dos procedimentos positivados no ordenamento racional. Essa ordenação para ser normativa em termos jurídicos tem de pretender aceitação universal, isto é, tem de comprovar sua validade frente a objeções factuais. Em uma palavra, a *normatividade jurídica* deve universalizar-se *formal* e *materialmente*.

1.5 NORMATIVIDADE MORAL E JURÍDICA

Ordenar conduta não é outra coisa senão gerar normatividade. Mas como obter uma normatividade ao mesmo tempo eficaz e legítima?

Klaus Günther pretende elucidar essa questão por meio da distinção entre justificação (moralidade) e aplicação (juridicidade). Com tal distinção, quer Günther[21] oferecer um critério racional tanto para a constituição de uma normatividade legítima, quanto para desdobramento da universalidade em situações especiais. Recorrendo-se a uma avaliação universalmente válida, forja-se um critério capaz de moldar um procedimento (formal) que distinga entre leis

---

[21] *Der Sinn für Angemessenheit*: Anwendungsdiskurse in Moral und Recht. Frankfurt am Main: Suhrkamp, 1988 (edição brasileira: Teoria da argumentação no Direito e na Moral: justificação e aplicação. Tradução de Cláudio Molz. Revisão técnica de Luiz Moreira. São Paulo: Landy, 2004).

privadas (privilégios) e normas generalizáveis, por um lado, e, por outro, entre a necessidade de mediação entre normas abstratas e sua exigência de concreção. Tal concreção é realizada tendo em vista a superação da dicotomia entre norma e fato.

Para Günther é imprescindível explicitar a distinção entre justificação e aplicação. A justificação vincular-se-ia à validade. Como demonstrado até agora, o processo pelo qual uma norma se justifica está associado ao seu critério de validade.

Em Günther, o critério de justificação se expressa por meio da universalidade do princípio moral, com a qual se estabelece um sentido recíproco-universal de imparcialidade. Este sentido recíproco-universal de imparcialidade deve referir-se tanto a pessoas quanto a procedimentos. Significa isto que uma norma será imparcial quando puder obter assentimento de todos e tal conduta, a concordância universal de todos os envolvidos.[22] Em virtude de o

---

[22] Neste ponto, Günther incorpora à sua tese dois dos mais importantes argumentos da ética do discurso: o princípio "U" e o princípio "D". O princípio "D" possui a seguinte formulação: "Só podem reclamar validez as normas que encontrem (ou possam encontrar) o assentimento de todos os concernidos enquanto participantes de um Discurso prático". *Cf.* HABERMAS, J. *Consciência moral e agir comunicativo*. Rio de Janeiro: Tempo Brasileiro, 1989, p. 116, bem como HABERMAS, J. *Direito e*

conhecimento dos participantes em discursos ser limitado e o tempo finito, a dimensão de justificação necessita da dimensão de aplicação.

Por seu turno, a aplicação diz respeito à adequabilidade. Para que haja a determinação de se algo é ou não adequado é necessário que haja concreção. É a aplicação que determina se uma norma é ou não adequada.[23] A adequabilidade de uma norma deverá ser aferida mediante o exame de todas as características da situação, bem como a consideração de todas as normas que eventualmente puderem ser aplicadas.

A adequabilidade refere-se, portanto, à sua *relação* com a situação e a todas as *normas* que possam a ela se reportar. O discurso de aplicação se caracteriza pela tentativa de considerar *todas as características* de uma situação em relação a *todas as normas* que possam remeter-se a elas. Este desiderato é alcançado mediante

---

Democracia: entre facticidade e validade. tomo I. Tradução de Flávio Beno Siebeneichler. Rio de Janeiro: Tempo Brasileiro, 1997, p. 142: "São válidas as normas racionais às quais todos os possíveis atingidos poderiam dar o seu assentimento, na qualidade de participantes de discursos racionais".

[23] Sobre o processo hermenêutico de aplicação das normas, como possibilidade concreta de formulação de juízos de adequabilidade, *Cf.* OLIVEIRA, Eugênio Pacelli de. *Processo e hermenêutica na tutela penal dos direitos fundamentais*. Belo Horizonte: Del Rey, 2004.

o conceito de *coerência* e tem por finalidade a constituição de um sentido de imparcialidade à aplicação. A *aplicação* será imparcial quando *coerentemente* realizar a adequação entre todas as características e todas as normas envolvidas em cada caso.

Embora Klaus Günther tenha uma ligação acadêmica estreita com Jürgen Habermas, não há propriamente uma correspondência estreita entre as teses dele e as defendidas por Habermas. Ao contrário, Günther defende a tese de que não é possível afastar-se da razão prática. Tese, aliás, radicalmente contrária às articuladas por Habermas em 1992, e que vem afirmada peremptoriamente no prefácio, segundo parágrafo, na obra que ora se apresenta: "Nesse sentido, a tese deste livro é a de que não é possível abdicar da razão prática".[24]

O que isto significa? Ora, Günther deduz a racionalidade das normas jurídicas diretamente das normas morais, conforme a estrutura prescritiva da razão prática. Habermas não deduz a validade das normas jurídicas da moralidade, tampouco de uma estrutura prescritiva *a priori*, própria à razão prática. Conforme as teses postuladas a partir de 1992, a

---

[24] GÜNTHER, Klaus. Prefácio. *Der Sinn für Angemessenheit*. Frankfurt am Main: Suhrkamp, 1988, p. 9, no original alemão: "Daβ wir dabei nicht auf praktische Vernunft verzichten dürfen, ist die These dieses Buches".

prescritividade *a posteriori* parece inerente à formulação habermasiana da racionalidade comunicativa.

As duas posturas, por antagônicas, não são triviais. Delas resultam uma articulação diferente do modo pelo qual o Direito se legitima. Para Günther, entre justificação e aplicação encontra-se a especificidade da Moral e do Direito. À moralidade, por meio da generalização da pretensão de aceitabilidade de suas premissas, cabe a tarefa de fundamentar as normas de conduta. Ao Direito, por meio da aplicação, a tarefa de efetividade dos padrões de conduta.

Desde já se evidencia, para Günther, a dependência normativa do Direito em relação à Moral. Para Habermas, ao contrário, não haveria tal dependência normativa, mas uma relação de co-originariedade normativa e de complementaridade funcional entre direito e moral.

Daí sucederia, para Günther, que a estrutura prescritiva decorre da razão prática. Uma tradição que, de Aristóteles a Kant, formula orientações para as condutas, segundo premissas previamente estabelecidas. Evidentemente, a proposta de Günther não se vincula à ética eudaimônica aristotélica; todavia, com o princípio moral "U"[25], reformula as teses singulares

---

[25] *Cf.* HABERMAS, Jürgen. *Consciência moral e agir comunicativo.* Tradução de Guido Antônio de Almeida. Rio de Janeiro: Tempo

do imperativo categórico de Kant, adaptando-o à reviravolta linguístico-pragmática. Neste aspecto, o agir por dever de Kant, caracterizador do agir moral, é incorporado pela ética do discurso. No entanto, a ética do discurso não vincula o agir ético a uma determinação monológica das prescrições de condutas. Não é o sujeito singular que, por meio de uma hipótese de universalização de suas possíveis condutas, determinará o que é devido ou não-devido em termos morais. Com o princípio moral "U", a ética do discurso soluciona as objeções contra o solipsismo da faculdade prática de julgar, isto é, a determinação do agir moral deixa de ser determinado por uma escolha racional do sujeito, mediante a acatabilidade da generalização da conduta individual, para transformar-se em regra de argumentação em discursos práticos. Ora, com isso compreende-se o princípio moral "U" como procedimento dialógico *a posteriori*. Neste caso específico, a ética do discurso não confunde a universalização, como *critério*, com a pretensão de que o próprio critério seja ele mesmo universal. Por isso, não é o princípio "U" que legitima a norma. Como ética vinculada à razão prática, a ética do discurso avalia os

---

Brasileiro, 1989. À p. 147 é dada a seguinte versão ao princípio "U": "Toda norma válida tem que preencher a condição de que as consequências e efeitos colaterais que previsivelmente resultem de sua observância *universal*, para a satisfação dos interesses de *todo* indivíduo possam ser aceitas sem coação por *todos* os interessados".

critérios normativos com os quais a sociedade proclama o estritamente bom, desejável. Somente em um discurso público, realizado conforme "U", obter-se-á a justificação daquilo que a referida sociedade proclama como normativo.

A referida distinção entre a universalização como critério crítico com a pretensão de que o próprio critério seja ele mesmo universalizável, depreende-se da distinção entre éticas formais e éticas materiais.

Uma coisa é oferecer um critério de universalização das tomadas públicas de decisão; outra é oferecer a própria decisão. Nesse caso, o critério de universalização compreende-se como critério avaliativo daquilo que a sociedade entendeu como valor. O que a ética do discurso não pode fazer é produzir a própria decisão. Ao contrário, as éticas materiais oferecem o próprio valor; é o conteúdo mesmo que é universalizável. Deste modo, pretende-se produzir valores, modos de vida válidos em toda parte e lugar.

Porque a ética do discurso[26] rejeita a possibilidade de oferecer a própria decisão para processos

---

[26] *Cf.* para o que segue: ROUANET, Sérgio Paulo. "Ética discursiva e ética iluminista". *Mal-estar na modernidade*: ensaios. São Paulo: Companhia das Letras, 1993.

interativos, há a distinção entre questões de valor e questões de justiça, entre axioma e norma.

Neste aspecto, é necessário esclarecer um ponto frequentemente olvidado. Por meio do conceito "mundo da vida" introduz-se tal distinção. Compõem igualmente o mundo da vida as valorações específicas de cada sociedade, aquilo que é considerado melhor e bom, e a estrutura normativa, aquilo que vincula, que liga as ações a um critério universalizável. As questões que envolvem o melhor, o bom, o bem para o indivíduo ou para a comunidade não são acessíveis à ética do discurso, ao passo que o critério normativo fundamental que orienta as tomadas públicas de decisão confere-lhe caráter deontológico, ainda que *a posteriori*.

Esta polissemia de valores resulta em tantos axiomas quanto mais complexa for a sociedade. Se obtivermos consensos sobre alguns destes valores, eles podem se constituir como normas e estarem elas sujeitas às considerações públicas que envolvem as tomadas de decisão. Não obstante, as orientações individuais ou coletivas, isto é, os valores, como expressão da emoção e das preferências pessoais, não podem ser justificadas, não podendo, por isso, ser elevadas a um patamar normativo que vincula as decisões a um critério racional.[27]

---

[27] *Cf.* BROCHADO, Mariá. *Consciência moral e consciência jurídica*. Belo Horizonte: Mandamentos, 2002.

O estabelecimento de um patamar normativo recebeu críticas de duas das mais aplaudidas correntes da atualidade: o positivismo e o racionalismo crítico. Coube ao positivismo a negação da validade das proposições de caráter normativo; ao racionalismo crítico, a negação dos próprios princípios de fundamentação.

O positivismo exprime-se por meio de proposições analíticas da lógica e da matemática e de proposições sintéticas relativas ao mundo factual. Assim, por óbvio, revoga o positivismo a distinção entre razão teórica e razão prática em detrimento desta última. Com isso toda a possibilidade de legitimação das proposições normativas é afastada, mesmo as oriundas de fatos observáveis, como os provenientes da sociabilidade humana, do mundo da vida etc. Isto porque não se podem derivar proposições normativas de proposições descritivas. Isto é, nada de normativo se pode estabelecer a partir da observação dos fatos.

Fatos observáveis, ainda que muitas vezes repetidos, somente podem ser descritos sem nenhuma possibilidade de se estabelecerem normas a partir desta observação. Significa isso que toda conclusão relativa a tais fatos tem validade somente pretérita. Nada pode ser projetado tendo em vista sua repetição. De fatos não se deduzem normas. Nisso resulta a impossibilidade de as proposições normativas serem verdadeiras ou falsas, como também a impossibilidade de se derivar o *dever* (*Sollen*) do *ser* (*Sein*), isto é, a "falácia naturalista".

O *racionalismo crítico*, como complementar ao *positivismo*, restringe a moralidade à esfera das paixões, dos impulsos, ao foro íntimo das decisões arbitrárias e privadas, pois às ciências normativas, afirma, é impossível fugir à falsificação de suas sentenças. Assim, por absoluta impossibilidade lógica não há de se falar em fundamentação última.

Com o *trilema de Münchhausen*,[28] Hans Albert demonstra que no plano das ciências lógico-dedutivas todo o esforço por fundamentação mostra-se ineficaz, porque conduz (1) ou a uma regressão infinita, (2) a um círculo lógico ou (3) à interrupção dogmática do processo de fundamentação. Com a primeira objeção, a *regressão infinita*, tem-se um apelo permanente a um sistema de proposições que deduz sentenças ilimitadamente.

A toda pergunta é produzida uma resposta, tendo em vista a solução tautológica das dificuldades inerentes a tal processo dedutivo, invocando-se o mesmo estratagema, sem, contudo, jamais chegar-se a uma resposta definitiva; com a segunda objeção, o

---

[28] ALBERT, Hans. *Traktat über kritische Vernunft*. Tübingen: Mohr Siebeck, 1991.

círculo lógico, recorre-se permanentemente às mesmas proposições não demonstradas, a fim de permitir a utilização das mesmas fases recorrentes como solução para todas as perguntas e deduções; com a terceira objeção, a *interrupção dogmática do processo de fundamentação*, cria-se um recurso baseado na autoridade do argumento ou na arbitrariedade de certas premissas, a fim de por fim à perquirição.

Como a ética do discurso se blindaria contra estas objeções? Por meio da distinção entre a *validade* das afirmações decorrentes da experiência e a *objetividade* da experiência. Uma coisa é produzir um saber que se estrutura tendo em vista os dados da realidade – um saber que se destina imediatamente aos aspectos que compõem a realidade –; outra é a constituição de um saber que tem em vista não a estrutura, mas aquilo que *valida* e que torna *possível* a própria estrutura. Tanto a objeção positivista quanto a do racionalismo crítico destinam-se a uma forma específica de saber que é articulado segundo um sistema lógico-dedutivo no qual proposições são deduzidas de proposições. Esta é a estrutura da ciência moderna. Não obstante, a ética do discurso pretende fundamentar o princípio "U", sem, no entanto, valer-se do esquema lógico-dedutivo. Ela o faz por meio do conceito elaborado por Karl-Otto Apel, *contradição performativa*, com a qual se opera uma fundamentação pragmático-linguística. Dessas posições decorrem *teses relativistas* que passam a permear a estrutura mesma da ciência moderna. É justamente contra esta concepção que se articulará a ética do discurso, por meio da universalidade imprescindível à linguagem e do método discursivo, via contradição performativa.

Ora, a ideia de precariedade do conhecimento científico explicitada por seu suposto caráter limitado, histórico, falsificável, não-fundamentável, pontos comuns às teses relativistas, foi desenvolvida a partir das reflexões de Karl Popper e ganhou blindagem epistemológica com Hans Albert, por meio do citado *trilema de Münchhausen*. Que dizer sobre isso? Simplesmente que as afirmações contidas neste esquema, além de se dirigirem somente a um tipo de saber, como exposto acima, são em si mesmas contraditórias.

Há uma contradição que permeia as teses do positivismo e do racionalismo, porque subsiste uma incoerência entre o conteúdo proposicional e a afirmação pretendida. Afirma-se, por um lado, que o conhecimento científico é falível, precário, não-fundamentável, falsificável. Este seria o estatuto da ciência moderna. Contudo, tal afirmação para ser levada a sério, para ter sentido e não implodir, necessita estabelecer-se como algo que tem validade independentemente do contexto em que é gerada. Logo, seria não falível, fundamentável, não-falsificável.

Deflagra-se, então, o seguinte impasse: (1) A proposição que aponta a marca de falibilidade, de revogabilidade, é ela mesma científica? (2) Teria a ciência moderna um outro aspecto diferente do enunciado no item anterior? (3) Os enunciados científicos seriam eles mesmos não sujeitos aos estatutos da ciência? e (4) Requer a ciência um pleito de validade universal não sujeito a condicionantes?

Ora, para não implodir em uma contradição, a ciência necessita estabelecer-se como falível e não-falível, como precária e não-precária, como falsificável e não-falsificável. Isto porque os pleitos de validade dos enunciados científicos derivam-se de pressupostos necessários de toda e qualquer forma de argumentação. Possuem uma pretensão à verdade e à veracidade que é implícita ao processo mesmo de argumentação. Então, quando se afirma que algo é precário, pretende-se ao menos que o enunciado que contém tal afirmação não seja ele mesmo precário.[29]

---

[29] ROUANET, Sérgio Paulo. "Ética discursiva e ética iluminista". *Mal-estar na modernidade:* ensaios. São Paulo: Companhia das Letras, 1993, pp. 223/224: "A estratégia da contradição performativa não tem apenas o fim polêmico de desativar os argumentos do adversário, mas o de identificar os pressupostos necessários de toda a argumentação. São aqueles que não podem ser negados sem contradição. Sua inevitabilidade é demonstrada pelo fato de que todo aquele que os rejeita é obrigado a utilizar, em sua argumentação, esses mesmos pressupostos".

O DIREITO COMO RECIPROCIDADE...

Desse modo, com os pressupostos necessários de toda a argumentação regressamos ao critério de universalização, ou seja, ao princípio moral "U". Ele seria irrecusável, pois qualquer tentativa de refutação implicaria sua afirmação. Assim, a formulação deontológica da ética do discurso é ela mesma válida e fundamentável, vez que se legitima por meio dos pressupostos argumentativos.

2
o direito como ordenação

A Ciência do Direito é fruto de um processo de verticalização conceitual levado a termo pela operacionalização do Direito como linguagem e metalinguagem. Como linguagem, desenvolve-se tendo em vista as regras e procedimentos articulados por seus operadores, cujo burilar lhe confere efetividade; como meta-linguagem, adquire uma sofisticação conceitual proveniente do acúmulo e da difusão do conhecimento realizada pelos juristas.

Em virtude de sua estrutura institucional (linguagem) e científica (meta-linguagem), pode-se dizer que o Direito estabiliza a tensão entre fato e norma, garantindo assim segurança às relações jurídicas e evolução aos institutos.

Da conjugação entre segurança e evolução emana um dos elementos mais específicos da Ciência do Direito. Trata-se da configuração do Direito como sistema. Tal configuração exprime-se mediante a exigência de ser o Direito a ordenação recíproca da liberdade. Como tal, o Direito surge como medida simétrica, equânime[30], vinculando a todos do mesmo modo às suas prescrições.

A possibilidade de ser o Direito articulado como sistema decorre de um longo processo de afirmação do Estado nacional, na medida em que o Estado se converte em única instituição legiferante e judicante. É como tal que gravita uma estrutura burocrática em torno de si que transforma o poder de subjetivo em institucional, possibilitando que as determinações oriundas das instâncias competentes (legitimidade formal) se desdobrem de modo a ganhar efetividade em virtude de sua alta taxa de adesão. É verdade que a adesão decorre, em um primeiro momento, da imposição proveniente de um poder pessoal. A possibilidade de utilização da força reduz os comportamentos desviantes pela orientação inequívoca de

---

[30] É desta vinculação recíproca à norma, ou da igualdade perante a lei, que decorrem as características próprias do sistema jurídico: a ordem e a unidade. A tal respeito *Cf.* CANARIS, Claus-Wilhelm. *Pensamento sistemático e conceito na ciência do Direito*. 3ª ed. Tradução de Antonio Manuel da Rocha. Lisboa: Calouste Gulbenkian, 2002.

O DIREITO COMO ORDENAÇÃO

uma conduta correta. O cerne desse poder ainda é vertical. No entanto, isto apenas em um primeiro momento, pois, lenta, mas progressivamente, a capilarização do Estado sofrerá uma conversão em seu projeto inicial. A nuança colonizadora do Estado, implementada por meio da onipresença da burocracia, terá como uma de suas características apurar a repercussão das políticas perante os atingidos.

É de se ressaltar que súditos converter-se-ão em cidadãos. Com tal progressão, haverá o estabelecimento de duas esferas de legitimidade: a legitimidade formal, por resultar de autoridade competente, e a legitimidade material, aferida pela sintonia entre as medidas adotadas e a manifestação da vontade popular.

Um dos projetos políticos mais caros ao Iluminismo consistia na blindagem da sociedade perante o arbítrio estatal. Esta blindagem expressava-se seja por meio da divisão do exercício do poder (Montesquieu), o que conferia ao poder legitimar-se formalmente por meio do estabelecimento de competências e de autocontrole, seja por meio da assunção, por parte do Estado, dos desígnios provenientes da vontade popular (Rousseau). É esta assunção que conferirá às políticas estatais legitimidade material.

O caráter material da legitimidade guarda uma estrutura ambivalente. Em primeiro lugar, trata-se de uma simetria entre a vontade popular e os feitos estatais. O que se procura é aferir se há correspondência entre o exercício do poder e a vontade popular. Estamos ainda na seara da vontade e como tal o poder estatal é extrínseco àquela. Por ser extrínseca, a simetria entre as duas ordens se faz necessária, pois o que se persegue é a equivalência entre ambas, sua equiparação. A simetria entre essas esferas é apenas necessária, mas não suficiente, uma vez que o que está em jogo é a titularidade do poder político. Em segundo, é preciso que o Estado tenha como origem e finalidade a efetivação dos direitos.

A estrutura política feudal se realizava mediante uma relação de dependência do vassalo perante o suserano. Por não haver uma centralidade do poder político, multiplicavam-se as conotações e orientações jurídicas. A única estrutura não fragmentada era a eclesiástica. Então, tinha-se uma estrutura esfacelada, marcada pela provisoriedade e uma outra, pela centralidade, pela permanência, da qual emanava a orientação perene para a vida.

Com o advento do Estado nacional[31] haverá a avocação do poder político, com sua consequente centralidade nas mãos do soberano, de modo que a

---

[31] Sobre o Estado nacional, *Cf.* CREVELD, Martin van. *Ascensão e declínio do Estado*. Tradução de Jussara Simões. São Paulo: Martins Fontes, 2004.

O DIREITO COMO ORDENAÇÃO

centralidade eclesiástica será substituída pela secular. Nesse sentido, o projeto político da modernidade terá como marcas indeléveis a centralidade do poder político, o esfacelamento do poder religioso e a progressão da suserania à soberania.

Por conseguinte, o abandono da perspectiva política feudal acarretará à modernidade a passagem de uma ordem comunitária para a possibilidade de o poder cingir-se à sociedade. Em tal cenário, inicialmente será conferido ao soberano o poder de reger e formular as normas de conduta. A faculdade de ele dizer o direito incondicionalmente confunde-se com sua pessoa, ou melhor, dela emana. A estrutura da soberania ganha contornos verticais como decorrência da independência de seu poder, tanto interna quanto externamente. Nesse sentido, todos são iguais, porque todos são súditos. Trata-se de uma concentração centrípeta da força. Reunida nas mãos de um só, impõe-se como vontade e se confunde com o arbítrio.

Então, como o poder estatal se legitimaria? Esse é um dos maiores problemas enfrentados pelo nascente Estado nacional, ou seja, como criar um sentimento de pertença. Em primeiro lugar, trata-se de conferir limites espaciais ao poder de dizer o direito, à *jurisdição*. Assim, o poder do soberano abrangerá uma determinada área e sobre ela impor-se-á em detrimento dos demais. Com isso, apenas as orientações decorrentes do soberano vigerão e vincularão todos aqueles circunscritos ao limite espacial de abrangência de seu poder. O soberano é a autoridade que vincula a todos indistintamente. Portanto, igualdade significa a mesma medida de vinculação ao poder estatal, estar submetido do mesmo modo; e formalmente vigente será a ordenação que emanar da autoridade constituída para tanto.

Por suceder a um poder político fragmentado, importa ao soberano impor-se perante aqueles que possam reunir força suficiente para reclamar para si tanto a soberania quanto a obediência dos súditos. Contra os rivais normativos é suficiente a utilização da violência para eliminar as divergências. É a força e não o direito que prospera. No entanto, para obter reconhecimento, a força não é suficiente. É preciso que a sua utilização seja autorizada, isto é, que seja reconhecida como um dos meios de atuação do poder. Por transcender às suas determinações genealógicas, o poder estatal não é simples força, é poder cuja legitimidade decorre da autorização para a sua utilização, de modo que a força se abra à sua negação: o reconhecimento.[32]

---

[32] Sobre a problemática do reconhecimento, como um dos momentos memoráveis da filosofia ocidental, e da filosofia hegeliana em particular, veja-se: HEGEL, Georg Wilhelm Friedrich. *Fenomenologia do Espírito*. Tradução de Paulo Meneses

O DIREITO COMO ORDENAÇÃO

Assim, o poder estatal instaura-se na justa medida em que é acolhido internamente como poder legítimo, isto é, quando este se torna simétrico à vontade popular. Tal processo de equiparação decorre da necessidade de o soberano promover políticas que gerem bem-estar de modo a satisfazer as necessidades de seus súditos. Esse processo de concessão, na tentativa de o poder estatal ser aceito como legítimo pelos súditos, acaba em transformar a vontade dos súditos de passiva em ativa, na medida em que o Estado assume como seu aquilo que é pretendido pela população. Desse modo, a equiparação entre a

---

com a colaboração de Karl-Heinz Efken e José Nogueira Machado. 7ª ed. Petrópolis: Vozes; Bragança Paulista: USF, 2002, especialmente o capítulo IV, intitulado "A verdade da certeza de si mesmo", no qual Hegel desenvolve a problemática do reconhecimento usando as figuras do senhorio e da escravidão. Para Hegel, o reconhecimento significa a emergência da subjetividade como processo de gestação do homem como liberdade solidária, que inclui necessariamente a tematização do processo de socialização cuja finalidade é fazer emergir sujeitos livres e iguais: na linguagem de Hegel, significa articular o processo de racionalização da existência. A esse respeito, veja-se SALGADO, Joaquim Carlos. *A ideia de justiça em Hegel*. São Paulo: Loyola, 1996; LIMA VAZ, Henrique Cláudio de. "Senhor e escravo: uma parábola da filosofia ocidental". *In:* TOLEDO, Cláudia; MOREIRA, Luiz. *Ética e Direito*. São Paulo: Loyola, 2002, pp. 183-202; OLIVEIRA, Manfredo Araújo de. "A dialética do senhor e do escravo: a parábola do processo de humanização enquanto processo de libertação". *In:* OLIVEIRA, Manfredo Araújo de. *Ética e Sociabilidade*. São Paulo: Loyola, 1993, pp. 181-197.

vontade do soberano e a vontade do povo proporcionará, por meio da burocracia estatal, a instalação de um poder impessoal, ainda que em sua origem esteja vontade. No entanto, por tratar-se de equiparação, de simetria entre duas instâncias distintas, é que haverá vontade, arbítrio, mas não soberania popular.

Por conseguinte, a ascensão da soberania popular representará a substituição da vontade, supra-assumida que será pela institucionalização do poder mediante a equiparação entre soberania popular e poder estatal. Esta institucionalização será realizada por uma estrutura jurídica fincada na ideia de sistema e que terá na codificação a expressão do monopólio estatal de orientação de conduta. Assim é que, em substituição à vontade preponderante no período absolutista, a soberania popular será institucionalizada por meio do direito codificado.

A necessidade de imposição do poder estatal, como expressão de sua soberania, exigirá que suas normas passem a ser exigíveis, que se tornem universalmente oponíveis. A conversão da vontade à objetividade da soberania popular tornará materialmente legítimas as normas emanadas do Estado. Então, é da correlação entre a exigência de obrigatoriedade e a legitimidade material das normas jurídicas que se impõe a necessidade de o Direito assumir a forma lógica do código, de modo que, assim, por meio das

O DIREITO COMO ORDENAÇÃO

restrições às antinomias, o direito legítimo passe a ser vigente. Ora, ao realizar-se por meio de seu monopólio normativo, o Estado terá o direito como sua gênese e finalidade. Gênese e finalidade que terão uma estrutura que ao mesmo tempo será concreta e transcendente. Quando tal tensão é posta em movimento, o Estado torna-se um aparato burocrático legítimo, utilizando-se da dialética entre vigência e legitimidade.

O Estado traduzir-se-á em sistema jurídico organizado em torno da ideia de codificação, ou seja, o sistema jurídico terá o código como forma lógica. Como forma lógica do sistema jurídico, o código tornará obrigatória e exigível a vinculação de todos às mesmas prescrições. Deste modo, a codificação será a forma de expressão da soberania popular, pois nela encontrar-se-ão a autonomia, o poder de os cidadãos produzirem suas próprias leis e a equidade, uma vez que todos serão igualmente livres.

Do ponto de vista histórico, tal movimento do conceito encontrará abrigo na Declaração dos Direitos do Homem e do Cidadão, de 1789, por meio do aforismo *la loi est l'expression de la volonté générale*, representando de modo insofismável a perspectiva adotada pelo Estado emergente em substituição aos preceitos vigentes no *ancien régime* nos quais havia a subordinação do povo à vontade do soberano, bem como a redução da formulação e aplicação do Direito a conotações particulares, caracterizando os negócios jurídicos como assuntos *in camera*.[33]

Como expressão da soberania popular, será articulada a premissa segundo a qual cada nação deve se expressar juridicamente por meio de uma legislação própria, fruto da soberania política que se faz jurídica. É este o escopo da codificação: garantir uma estrutura lógica que possa unificar as prescrições e interditos segundo os fatos e valores que projetam a sociedade para além de seus limites históricos.

Assim, para que o Estado se expresse como ente político soberano[34] e se torne a ordenação da liberdade, o código tem em vista garantir que a vontade geral se converta em expressão política a partir da qual todo o Direito será organizado, como também uma unidade conceitual que se expressa de modo claro e preciso. É com esta finalidade que surge o *Code Civil* de 1804.[35]

---

[33] CAENEGEN, R. C. van. *Uma introdução histórica do direito privado*. Tradução de Carlos Eduardo Lima Machado. São Paulo: Martins Fontes, 2000.

[34] WIEACKER, Franz. *História do direito privado moderno*. 2ª ed. Tradução de António Manuel Botelho Espanha. Lisboa: Calouste Gulbenkian, 1993, p. 526; "No continente europeu, contudo, a crença do absolutismo na razão e a crença da revolução francesa na racionalidade da vontade do povo tinham difundido a convicção de que uma nação moderna devia ordenar racional e planificadamente a sua vida jurídica global através de uma codificação".

[35] CAENEGEN, R. C. van. *Uma introdução histórica do direito privado*. São Paulo: Martins Fontes, 2000, pp. 163/164: "Esse

O DIREITO COMO ORDENAÇÃO

Como expressão conceitual própria ao Iluminismo, o *Code Civil* tem como finalidade pacificar e ordenar a sociedade após dez anos de insegurança própria à destituição de um regime estabelecido, como também a de consolidar o apogeu político e ideológico de uma nova forma de ordenação da realidade. Como tal, o Código de Napoleão surge com o propósito de constituir e de regular as relações próprias ao tipo de sociedade que emerge com a ascensão da burguesia. Assim, o *Code* terá como pilares: (1) a *família*, cuja característica principal é a submissão ao poder masculino, como pai ou como marido; (2) o direito à *propriedade privada* e aos diferentes modos de sua aquisição e (3) o *positivismo* (ordem posta) que propiciará o surgimento da Escola exegética[36] e que influenciará profundamente o século XIX.

---

novo direito deveria estar isento de qualquer obscurantismo. Ele constituiria um sistema claro e certo, compreensível para o povo, pois, de agora em diante, o direito deveria estar a serviço do povo. Para alcançar esse objetivo, era preciso preencher duas condições. A primeira era material: a criação de um novo sistema jurídico baseado num novo corpo de fontes; a segunda era formal: uma nova técnica deveria ser desenvolvida para assegurar a aplicação na prática do novo direito. A primeira condição foi preenchida pelo direito natural, a segunda pela legislação, em particular pelos códigos nacionais introduzidos em todo o continente europeu".

[36] LARENZ, Karl. *Metodologia da Ciência do Direito*. 4ª ed. Tradução de José Lamego. Lisboa: Calouste Gulbenkian, 2005.

2.1 OS UNIVERSOS NORMATIVOS

No que tange à hegemonia da normatividade estatal, tornada possível e operada pelo Direito moderno a partir do monopólio da força, ela só se fez possível mediante a *osmose* entre o aparato estatal e o universo simbólico e institucional da Igreja.[37]

Em tal sentido, a tese de Habermas de que o Direito moderno seria o herdeiro normativo de uma eticidade substancial em decomposição padece de duas fragilidades. A primeira, de caráter estritamente filosófico. Habermas pretende, a partir de um diagnóstico da era moderna – diagnóstico fático constituído por sentenças descritivas –, chegar a sentenças normativas, ou seja, deduzir normas a partir de fatos. Pelo menos desde Hume que esta tentativa é vedada ao discurso científico por se circunscrever à *falácia naturalista*.

A natureza das sentenças descritivas é constatativa e, como tal, sua validade se limita à verificação da plausibilidade histórica dos argumentos. Por óbvio, sentenças descritivas ou são falsas, ou são corretas, porque se destinam à explicitação daquilo que os

---

[37] Quanto às teses sobre a osmose entre poder eclesiástico e poder secular, sigo as conclusões de Paolo Prodi. *Cf.* PRODI, Paolo. *Uma história da justiça*: do pluralismo dos foros ao dualismo entre consciência e direito. Tradução de Karina Jannini. São Paulo: Martins Fontes, 2005.

O DIREITO COMO ORDENAÇÃO

sentidos não mais podem rememorar. Portanto, averiguada a simetria entre a descrição do fato narrado e a verificação do fato ocorrido, só é lícito concluir pela sua adequação, jamais pela sua projeção normativa. Isto ocorre porque as sentenças descritivas, sendo dotadas de caráter constatativo, dizem o que as coisas são, ou seja, reconhecem um acontecimento pretérito, já transcorrido, ao projetar no presente o que transcorreu no passado. Verificada a ocorrência de um acontecimento, conclui-se pela sua plausibilidade fática, ou seja, que determinado evento parece ser assim.

A adequação entre a descrição e a realidade se circunscreve ao fato já transcorrido, dotando esta operação apenas de estrutura comprobatória. Aquilo que é objeto de descrição se abre a uma sentença que corresponde a um tempo circunscrito entre o passado e o presente, nunca ao futuro, porque não é possível dizer que o já transcorrido se projetará indefinidamente. Só é lícito dizer se e como ele aconteceu, jamais, se continuará a acontecer. O *ser* de algo diz respeito à sua atualidade e nada autoriza dizer que, porque assim aconteceu, assim continuará acontecendo.[38]

---

[38] Sobre o método científico e no que ele se diferencia de outros saberes, *Cf.* POPPER, Karl. *A lógica da pesquisa científica*. Tradução de Leônidas Hegenberg; Octanny Silveira da Mota. São Paulo: Cultrix, 1993; POPPER, Karl. *Conjecturas e Refutações*. Tradução de Sérgio Bath. Brasília: UNB, 1994.

Normas não têm estrutura comprobatória, isto é, não dizem como as coisas são, porque não se referem aos fatos, mas à validades, à finalidades. Elas não fazem a atualização entre o passado e o presente, pois não se restringem ao acontecido. Normas transcendem as determinações dos acontecimentos e se projetam no futuro, como finalidade do universo simbólico. Enquanto as sentenças descritivas dizem respeito aos fatos como eles são, as sentenças prescritivas dizem como os homens devem se portar. Os homens e não as coisas. De cunho prático, as normas têm uma estrutura que não *constitui* a realidade, mas que a transforma ao designar seus limites. Nesse sentido, toda norma transcende e se distingue dos fatos, tanto quantitativa como qualitativamente.

Habermas não faz a distinção porque se recusa a fazer a diferenciação entre ciência e filosofia.[39] Ocorre que a não distinção entre ser e dever-ser acarreta à sua proposta perda de criticidade, pois supõe adesão ingênua às suas teses.

O segundo equívoco de Habermas não é filosófico, mas histórico. Consiste na inadequação

---

[39] A filosofia não tem mais um campo de saber próprio, enquanto instância crítica da cultura, como os mestres-pensadores elaboraram. Para Habermas, a filosofia deve "(...) abandonar o papel do juiz que fiscaliza a cultura em proveito do papel de um intérprete-mediador". *Cf.* HABERMAS, Jürgen. *Consciência moral e agir comunicativo*. Tradução de Guido Antônio de Almeida. Rio de Janeiro: Tempo Brasileiro, 1989, p. 33.

O DIREITO COMO ORDENAÇÃO

entre o seu pressuposto fático e a sua inobservância histórica. É que o Direito moderno não surge da falência da eticidade substancial em decomposição. Por eticidade substancial em decomposição entende ele a Metafísica e o mundo regido por suas leis. Em uma tentativa de conferir historicidade a um tempo conceitual, pode-se conjecturar que a eticidade substancial (Metafísica) se estende do mundo grego até a revolução francesa.

Por seu turno, para Habermas, a Metafísica teria duas nuanças: uma escatológica e uma outra soteriológica. Por escatológica entende ele as teorias platônicas e aristotélicas nas quais haveria o revelar da finalidade das coisas segundo uma teoria material do Bem. Haveria uma teoria que consistiria na ligação (*deón*) do código comum a todas as coisas, físicas e humanas, e sua finalidade (*télos*) como reposição do Bem no desenrolar do curso da História.

Assim, deontologia e teleologia teriam uma unidade conceitual marcada pela materialidade do Bem que desde sempre está presente como designadora do *devir*. Desse modo, a História e os fenômenos físicos seriam marcados pelas Leis que regem o curso geral do Universo. Embora haja a possibilidade de pedagogicamente reunir Platão e Aristóteles sob os mesmos conceitos, filosoficamente caracterizados como Ontologia ou Metafísica clássica, evidentemente que a unidade se encerra nestes preceitos gerais, pois esmiuçando suas teses percebe-se que ambas as filosofias encerram divergências insuperáveis, o que a tradição filosófica preferiu classificar como dialética platônica (material) e analítica aristotélica (formal).

Deixando os problemas próprios às caracterizações teóricas omniabrangentes, Habermas entende por soteriológica a apropriação cristã da Metafísica helênica. Assim, os aspectos da realidade em sua dualidade constitutiva, natureza e cultura, obteriam uma unidade superior ou *supra assunção* em uma doutrina salvífica de caráter transcendente. Nela, a materialidade do *Bem* transfigurar-se-ia em *Verbo* portador da salvação dos homens: Jesus Cristo.

A fim de demonstrar o equívoco histórico da tese habermasiana e antes de tematizar a osmose entre o poder eclesiástico e o poder secular, convém discorrer sobre o surgimento da *transcendência* em três fenômenos caracterizadores da civilização ocidental: 1) a *queda* da humanidade, apresentada pela *Bíblia*, no "Gênesis"; 2) a passagem da oralidade à razão epistêmica na Grécia antiga, e 3) o surgimento da ética.

2.2 A TRANSCENDÊNCIA

Comum a esses três fenômenos é a faculdade engendrada pelo homem de distanciar-se de suas

O DIREITO COMO ORDENAÇÃO

determinações sensíveis, de superar aquilo que o marca imediatamente como dado próprio à sua existência, ou seja, de *transcender* suas limitações por meio da formulação de um universo simbólico constituidor de sentido. Ultrapassar as limitações impostas pela natureza é fazer de tais limitações o modo pelo qual o homem se constitui como ser corpóreo e ser simbólico.[40] Assim, superando aquilo que o determina como ser presente, o homem se abre ao tempo como constituidor de seu espaço, tanto imediata como mediatamente. Esse movimento de *elevação* é aquilo que o constituirá como ser simbólico, como ser que se distancia da natureza, mas se fazendo fundamentalmente como ser cultural.[41]

---

[40] A ação humana submete a realidade a sua norma mensurante. Para Lima Vaz, "enquanto produtora de símbolos ou enquanto portadora da significação do seu objeto, a ação manifesta dessa sorte uma propriedade constitutiva da sua natureza: ela é medida (métron) das coisas e, enquanto tal, eleva-se sobre o determinismo das coisas e penetra o espaço da liberdade". *Cf. In:* TOLEDO, Cláudia; MOREIRA, Luiz. *Ética e Direito*. São Paulo: Loyola, 2002, p. 37. Por isso, o homem é essencialmente ser produtor de cultura.

[41] Embora numa outra perspectiva, que não a nossa, podemos dizer, com Heidegger, que a essência do ser humano consiste em ter de ser. Ele se caracteriza precisamente por ser o ser cuja dimensão principal é *ser* ser de sentido, ser da linguagem, daí constituir-se, para Heidegger, a compreensão um dos existenciais do eis-aí-ser (Dasein). *Cf. Sein und Zeit.* 19ª ed. Niemeyer: Tübingen, 2006, parágrafos 7, 9, 31, 32, 34 e 35. Obviamente

Na tradição judaico-cristã[42], o processo pelo qual ao homem é conferida a faculdade de *conter* o infinito é apresentado no *Gênesis* em episódio denominado "a queda".[43] Em tal episódio, o caráter de instauração da cultura é formulado progressivamente,

---

que, para Heidegger, o novo de sua filosofia será a tematização do sentido do ser, tornada possível a partir da sua ontologia fundamental ou ontologia hermenêutica. O homem é ser no mundo, ser da tarefa permanente de constituição da sua existência, que culmina no acolhimento do sentido do ser. *Cf.* OLIVEIRA, Manfredo Araújo de. *Reviravolta linguístico-pragmática na Filosofia contemporânea*. São Paulo: Loyola, 1996, pp. 201-222; STEIN, Ernildo. *Seis estudos sobre Ser e Tempo*. 3ª ed. Petrópolis: Vozes, 2005.

[42.] De modo algum as teses aqui apresentadas quanto ao *Gênesis* têm ou pretendem ter caráter teológico.

[43] A passagem a seguir é a tradução apresentada em *A Bíblia de Jerusalém*. São Paulo: Paulinas, 1985. "Gênesis", capítulo 3, versículos 1-19 (a numeração foi por mim inserida): A serpente era o mais astuto de todos os animais dos campos, que Iahweh Deus tinha feito. Ela disse à mulher: "Então Deus disse: Vós não podeis comer de todas as árvores do jardim?" A mulher respondeu à serpente: "Nós podemos comer do fruto das árvores do jardim. Mas do fruto da árvore que está (1) no meio do jardim, Deus disse: Dele não comereis, nele não tocareis, sob pena de morte". A serpente disse então à mulher: "Não, não morrereis! Mas Deus sabe que, no dia em que dele comerdes, vossos olhos se abrirão e vós sereis (2) como deuses, versados no bem e no mal". A mulher viu que a árvore era boa ao apetite e formosa à vista, e que essa árvore era desejável para adquirir discernimento. Tomou-lhe do fruto e comeu. Deu-o também a seu marido, que com ela estava e ele comeu. Então abriram-se os olhos dos dois e perceberam que (3) estavam nus; entrelaçaram folhas de figueira e se cingiram.

O DIREITO COMO ORDENAÇÃO

como *distanciamento* e *apropriação* da natureza: I) como centralidade; II) como apropriação; III) como consciência e IV) como cultura.

Trata-se da estetização dos passos que conduzem o homem da singeleza à complexidade. Tal itinerário é cuidadosamente narrado, pois se trata da compilação do processo evolutivo em uma única cena.

Eles ouviram o passo de Iahweh Deus que passeava no jardim à brisa do dia e o homem e sua mulher se esconderam da presença de Iahweh Deus, entre as árvores do jardim. Iahweh Deus chamou o homem: "Onde estás?", disse ele. "Ouvi teu passo no jardim," respondeu o homem; "tive medo porque estou nu, e me escondi". Ele retomou: "E quem te fez saber que estavas nu? Comeste, então, da árvore que te proibi de comer!" O homem respondeu: "A mulher que puseste junto de mim me deu da árvore, e eu comi!" Iahweh Deus disse à mulher: "Que fizeste?" E a mulher respondeu: "A serpente me seduziu e eu comi".

Então Iahweh Deus disse à serpente:

"Porque fizeste isso/ és maldita entre todos os animais domésticos/ e todas as feras selvagens./ Caminharás sobre teu ventre/ e comerás poeira/ todos os dias de tua vida./ Porei hostilidade entre ti e a mulher,/ entre tua linhagem e a linhagem dela./ Ela te esmagará a cabeça/ e tu lhe ferirás o calcanhar"/.

À mulher, ele disse:/ "Multiplicarei as dores de tuas gravidezes,/ na dor darás à luz filhos./ Teu desejo te impelirá ao teu marido/ e ele te dominará"./ Ao homem, ele disse:/ "Porque escutaste a voz de tua mulher/ e comeste da árvore que eu te proibira de comer,/ maldito é o solo por causa de ti!/ Com sofrimentos dele te nutrirás/ todos os dias de tua vida./ Ele produzirá para ti espinhos e cardos,/ e comerás a erva dos campos./ (4) Com o suor de teu rosto/ Comerás teu pão/ até que retornes ao solo,/ pois dele foste tirado./ Pois tu és pó/ e ao pó tornarás".

O início se dá com a instauração do tabu. Sua instauração cria um interdito representado pela centralidade que ele passa a ocupar na vida de seus destinatários. Por ele, pelo lugar que ocupa no "jardim", representa o rito de passagem pelo qual haverá a *instauração* do *devir*. A instauração do devir se opera apenas mediante o *usufruir* de suas peculiaridades. É com o *usufruto* que ocorre a *transmutação*. O estar naquela situação conduz a uma mudança em sua condição. É com tal usufruto que se inicia o processo que conduzirá o homem da natureza à cultura. Ao transpor tal interdito a humanidade dará o primeiro passo em direção ao infinito, constituindo-se *definitivamente* como civilização.

O segundo momento diz respeito à posse de uma condição que o aproxima da divindade, isto é, por ser regido pela liberdade inerente à cultura, e não pela determinação própria à natureza, instaura-se o processo de apropriação com a qual o homem pode, por meio de sua intervenção, constituir uma realidade distinta da que a circunda. A natureza será a matéria-prima do espírito, e, ao apropriar-se dela, ela lhe abrirá à sua negação: a liberdade.

Na medida em que a apropriação se converte em processo de transformação, o homem é contemplado com uma diferenciação categorial entre o meio que o circunda e o produto de sua apropriação.

O DIREITO COMO ORDENAÇÃO

Sua intervenção resultará na diferenciação entre o antes e o depois, e, em tal momento, a apropriação resultará em distanciamento, pois, ao contemplar o trabalho realizado, instaurará a consciência que o aparta e o distingue do todo circundante.

Aparta-se o que é comum. Como ser natural, é a consciência de sua existência que instaura a cisão entre cultura e natureza. Ao portar tal condição, ao saber-se portador de uma distinção, o homem instaura-se como finitude e infinitude: como finito, por pertencer à natureza, e como infinito, ao transpor os limites de sua condição. É por isso que a apartação e a distinção resultam na expressão do que de mais humano existe no homem: sua consciência.

De posse dessa faculdade, agrega-se cultura à corporalidade. É assim que se sabendo despido, o homem toma consciência de sua natureza e dela se envergonha, por não portar nada que lhe confira *civilidade*. As folhas que encobrem sua natureza são substratos que, uma vez incorporados ao seu ser, resultam em algo que passa a lhes conferir distinção ao que é puramente natural. A posse de algo que se lhe agrega, que é adicionado ao corpo, possibilita a consciência de uma distinção como posse, posse de uma elevação em referência ao estado anterior, ou seja, o movimento que conduz da ausência à cultura.

Não é sem razão que a consciência de um estado de distinção terá a instauração de uma situação segundo a qual "Com o suor de teu rosto/ Comerás teu pão/", pois será do encontro das consciências que será implantada a cultura como manifestação do simbólico que se desdobra em efetivação da consciência como *transcendência*.

No *Gênesis*, no episódio aqui apresentado, a instauração da cultura como manifestação do simbólico é o substrato que perpassa um longo processo de representação, segundo o qual o conceito que transforma o homem em ser civilizado se exprime como produção plural daquilo que possibilita a ele entender-se como animal político, isto é, sua civilidade e aquilo que o define como portador de consciência decorrem justamente de sua produção como ser cultural. Sua existência e sua consciência são antes frutos da cultura e como tal suas categorias são plurais, porque plural é o processo de formação da consciência. Do encontro das consciências, pelo ajustamento entre as categorias que perpassam o real (natureza e cultura), o homem adquirirá o seu lugar como ser finito e infinito, como ser mediador do *devir*.

Na tradição oral própria à Grécia antiga, a ordenação das condutas, dos tabus, dos interditos e das ações modelares é realizada mediante a padronização do agir, operada pela adesão imediata aos padrões herdados. A comunidade engendra suas normas e a adesão a esses postulados ocorre por meio da musicalidade de

O DIREITO COMO ORDENAÇÃO

sua forma. O teatro grego é a principal instituição a desenvolver o papel de ordenar condutas.

Trata-se da Grécia clássica. Lá, a razão epistêmica está ainda sendo gestada, parida que será da deusa da razão, Palas Atenas. Da gestação da razão epistêmica, a partir do mito, ou melhor, da gestação da cultura escrita, com raízes na tradição oral, é que será possível a apreensão crítica das normas que balizarão o agir.

No entanto, a tradição oral possui uma forma toda especial de formulação e de transmissão de suas normas. Os modelos são gestados pelo hábito, pela repetição. Cria-se uma adesão imediata a eles, porque a padronização é operada pela ritmização, pela musicalidade com que ela é transmitida. Literalmente as normas são cantadas e introjetadas pela já dita musicalidade que ostentam. Na verdade existem, concomitantemente, formas escritas, mas suas *ambiguidades* de representação são de tal magnitude que impossibilitam o domínio universal do fenômeno gráfico. Dominada a técnica de conversão da representação fonética em fenômeno gráfico pelos gregos, foi possível o surgimento da razão epistêmica, com a criação do alfabeto[44], que consistiu na adição das *consoantes* àquelas que *soam*, isto é, às vogais.

---

[44] Sigo, no que diz respeito à tradição oral, à invenção do alfabeto, e às consoantes, as teses desenvolvidas por Eric A. Havelock. *Cf.*

A grande novidade da invenção grega foi o burilar de um arcabouço gráfico que permitiu designar com precisão os arranjos sonoros. A sonoridade ganhou um intérprete que lhe garantia fidelidade. Tal fidelidade era impressa por meio da criação de um artifício que garantia à vogal (soante) multiplicar-se foneticamente associando-se a um contexto restrito de possibilidades. O contexto restritivo ganhou forma com as *consoantes*, isto é, o arranjo gráfico que somente tem expressão sonora se *associado* às *vogais*. O desafio consistiu na superação das multiplicidades de representação do fonema. Com as *consoantes*, os sons são circunscritos à sua representação, de modo que o arranjo gráfico constitui uma nova unidade, pois, com sua associação à vogal, ele não apenas ganha existência, mas representação polimórfica.

Neste cenário, importa a análise de três nuances da oralidade grega antes de se chegar ao surgimento da imparcialidade como forma de intervenção nos conflitos existentes na comunidade. Trata-se já de imparcialidade, mas não de neutralidade. O que está em jogo é a educação da *pólis*, é a constituição de um padrão civilizado para a comunidade política grega.

A invenção da escrita na Grécia antiga e suas consequências culturais. Tradução de Ordep José Serra. São Paulo: UNESP & Paz e Terra, 1996.

O DIREITO COMO ORDENAÇÃO

Pois bem, a luta pela imparcialidade instaura-se progressivamente na comunidade política grega. Seus passos significarão a incorporação à *cena* pública de critérios objetivos, como forma de interferir no processo político de escolha das diretrizes e no de normatização de condutas. Esses critérios objetivos se moldarão na medida em que a cena pública venha a ser iluminada pela adição à dimensão humana, marcada pelas suas determinações biológicas e condicionamentos culturais (por isso, inicialmente fática), de matiz designador do lugar do homem no mundo.

O acoplamento da dimensão cultural à dimensão física humana é dado por meio do significado antropológico da anexação de um instrumento teatral à cultura: a *máscara*. No teatro é ela que permite aos atores, aos intérpretes da realidade, transmitir aos ouvintes o modo de acesso ao código que confere aos homens assento na comunidade política. O espectador (ou espectadores) é aquele que aderirá às prescrições provenientes da tradição. Por isso, a condução da vida é regida pela vinculação necessária das decisões pessoais aos horizontes de sentido obtidos no seio da comunidade política. A partir da imediata adesão do indivíduo aos ditames comunitários, define-se, suficientemente, o lugar do homem no mundo e seu acesso à realidade, tanto física quanto cultural.

O processo de *adição* de uma dimensão *cultural* à dimensão *biológica* definirá o caráter cultural do homem. Seu tatear no mundo somente se realizará na medida em que ele incorporar tal dimensão e lhe der atualidade. A definição do lugar do homem, no mundo físico, dará, ao universo cultural, uma dimensão de *máscara*, de adição à natureza de um aspecto humano. Eis, portanto, o significado antropológico do instrumento teatral, isto é, a *máscara* como *persona*.

O processo pelo qual o homem engendrará seu lugar no cosmos social e dele obterá sentido e o atualizará será constituído primeiro como *persona*, como quem adquire sua realidade e a atualiza como parte integrante do todo social, isto é, como indivíduo que se movimenta nos cenários constituídos pela comunidade cuja vida dela decorre. Como *persona*, tem o homem faculdade para a ação, desde que circunscrita aos limites constituídos pela comunidade a que pertence. Ser parte da estrutura da *pólis* e dela obter sentido significa que o homem desempenha um papel (máscara) que ao mesmo tempo o realiza individualmente e o acopla a uma comunidade que passa a lhe fornecer os padrões de atuação perante ele próprio e o todo. É assim que, como *persona*, ele será espectador da vida em comunidade, isto é, a *persona* se efetivará como *mélissa*, como membro da comunidade. A *mélissa* insere o homem no grupo, conferindo-lhe uma unidade comum que passa a coordenar sua identidade.

A *persona* é parte da comunidade e como tal dela obtém orientação e sentido. É exatamente aí que todos são iguais, porque todos detêm o mesmo vínculo designador do seu lugar no cosmos, sua *mélissa*. Na comunidade política que circunscreve a *persona*, as orientações da vida detêm validade imediata, de tal modo que todas as conotações existenciais e culturais são decorrentes da sua vinculação.

A *persona* e a *mélissa* constituem os dois aspectos mais importantes para a caracterização do agir, por se referirem a uma estrutura comportamental de adesão ao grupo. É a comunidade política, a *pólis*, que encerra as peculiaridades individuais e por ela é que a existência faz sentido, pois não há sentido na vida se ela se realizar apartada do grupo.

A vinculação comunitária resulta na assimilação, por parte das individualidades, de um padrão de conduta aceito e constituído como o único devido. Assim é que não há lugar para contestações, pois pertencer a uma comunidade política torna inexorável, para o indivíduo, a assunção das normas engendradas como específicas do comportamento daqueles que a compõem. Esta uma das características da tradição oral: o baixo grau de transcendência.

A transcendência, isto é, a apartação das determinações e condicionamentos físicos e culturais passa a ganhar relevo, na medida em que ocorra a passagem de uma estrutura fática para uma estrutura racional, tornada possível pela ascensão da razão epistêmica.[45] No mundo simbólico, tal passagem obterá representação com a transição da vingança privada para a imparcialidade na solução dos crimes de sangue.

A solução dos conflitos, que antes tinha na vingança a expressão de uma resolução parcial daqueles atos que não admitiam representação, obterá, com a formulação da intervenção de um terceiro imparcial, o momento sublime de transcendência. A transcendência consiste na assunção da solução do conflito por parte de uma esfera não diretamente afetada pela lesão sofrida. Não se trata de sofrer diretamente as consequências do ato lesionador, mas de oferecer-lhe uma solução qualitativamente diferente da obtida com a retaliação. Por um lado, pretende-se que, com a intervenção de alguém

---

[45] Sobre a emergência da filosofia como criação tipicamente helênica e sua especificidade em relação a outros saberes existentes não só na civilização grega, mas em outras civilizações, como também sobre os condicionamentos histórico-espirituais que tornaram possível o florescer de um saber desinteressado (filosofia), *Cf.* REALE, Giovanni. *História da Filosofia Antiga.* vol I. Tradução de Marcelo Perine. São Paulo: Edições Loyola, 1993, pp. 11-34.

O DIREITO COMO ORDENAÇÃO

não é parte, por estar equidistante dos conflitantes, isto é, nem de um lado, nem de outro, sua decisão obtenha aceitabilidade, na medida em que pretende que ela (a decisão) adquira respeitabilidade e que gere adesão universal.

Isto porque a vingança muda sempre de lado, pois o ato vingador gera no agredido a obrigação de retaliar o dano por ele sofrido. Vingar gera no outro, ou em sua família, a mesma prerrogativa, de modo que tal ato se projeta indefinidamente, afetando indiscriminadamente toda a comunidade, até que haja a intervenção de um terceiro imparcial que tenha a faculdade de obrigar as partes e de conferir obrigatoriedade à sua decisão.

No mito grego, na *Eumênides* de Ésquilo[46], ocorrerá a passagem da vingança à solução imparcial do conflito, com a intervenção de *Palas Atenas,* pedindo ao titular da vingança que permita que a própria comunidade defina com justiça a penalidade. No mito, as Fúrias, deusas ancestrais, caso haja impossibilidade de a parte levar a vingança a termo, providenciarão sua execução. Tal é a solução porque a vingança é inexorável, uma vez que ela necessariamente precisa ocorrer. Eis que, súbito, há uma intervenção da deusa

---

[46] ÉSQUILO. *Oréstia*. Agamêmnon. Coéforas. Eumênides. Introdução, tradução e notas de Mário da Gama Cury. Rio de Janeiro: Jorge Zahar, 1990.

da razão solicitando uma solução distinta para a permanente incapacidade de resolução dos crimes de sangue.

Da inexorabilidade da vingança surgirá a transcendência da solução imparcial ocorrida com a instalação do tribunal e a sua respectiva decisão justa. No mito, os crimes de sangue passam a obter solução, mediante a intervenção da comunidade, tentando obter a justiça na decisão. Cabe à deusa da razão, Atenas (ou Minerva para os romanos) o voto de desempate, pois, como não pertence à comunidade, ela encarnaria, por excelência, a imparcialidade. É assim que, simbolicamente, a imparcialidade passará a ser reivindicada como medida de racionalidade adotada pelo voto de Minerva, toda vez que a comunidade estiver cindida em suas controvérsias. Caberá à Minerva desempatar, pois não sendo parte na demanda, poderá ela conferir, à decisão, a justiça própria à imparcialidade.

O mundo grego vai, assim, paulatinamente, distanciando-se da mimese como forma de representação e instaurando uma civilização que tem no conceito[47] a forma por excelência de suas manifestações

---

[47] Para Lima Vaz, o grande desafio da ciência do ethos, já nas suas origens gregas, consiste em conservar o rigor, próprio à razão demonstrativa, e estendê-la ao domínio da práxis humana. É tarefa da ética, "(...) sem renunciar aos cânones do logos demonstrativo, operar a transposição do ethos vivido

O DIREITO COMO ORDENAÇÃO

simbólicas. Essa transição somente será possível, como dito, pela instauração do modo de representar o fonema criado com a associação das consoantes às vogais. O itinerário que se estende da mimese ao conceito exprimir-se-á no modo pelo qual a realidade será apreendida, e o modo de ela abrir-se ao intelecto é articulado pelos gregos por meio do *logos*. O logos é constituído pela linguagem, ou seja, é o modo pelo qual as proposições constituem o real como instauração do *devir*. Assim, teria o *logos*, ou a linguagem, a capacidade de instaurar a realidade como sua força motriz[48], oferecendo ele duas nuances, uma demonstrativa, isto é, o *logos apodítico*, e uma assertórica, o *logos apofântico*.[49]

Com a diferenciação caracterizadora do *logos* – *apodítico* e *apofântico* – ganha relevo no mundo

---

no ethos pensado". *Cf. Escritos de Filosofia II*. São Paulo: Loyola, 1988, p. 83.

[48] Essa tese grega, segundo a qual o pensamento é capaz de dar conta da realidade, ocupa os filósofos desde as origens e foi alvo de grandes debates. Aristóteles, no livro Γ da metafísica, oferece uma resposta afirmativa a essa questão. *Cf.* ARISTÓTELES. *Metafísica*. Ensaio introdutório, texto grego com tradução e comentários de Giovanni Reale. vol II. Tradução de Marcelo Perine. São Paulo: Loyola, 2002. Veja-se também, LOPES DOS SANTOS, Luis Henrique. "A Harmonia Essencial" *In*: NOVAES, Adauto (coord.). *A Crise da Razão*. São Paulo: Companhia das Letras, 2006, pp. 437-455.

[49] *Cf.* REALE, Giovanni. *História da Filosofia Antiga*. vol II. São Paulo: Loyola, 1994, pp. 449-470.

helênico a sutileza da palavra que instaura a transposição de sentido entre as diversas formas de exprimir o real. Essa expressão do *logos* manifestará o modo de apreensão e de designação do específico do humano como relação entre o imediato e o mediato. Assim, ganha relevo no Ocidente a instauração das dimensões polimórficas da realidade. Por conseguinte, é o *logos*, ou a linguagem, que instaura as múltiplas formas de a realidade se constituir. Esse polimorfismo instaura as dimensões do real por meio da diferenciação entre *logos demonstrativo* e *logos assertórico*. O *logos apodítico* constituiria a ciência, como fundamento da realidade como linguagem fundante enquanto caberia ao *logos apofântico* asseverar algo sobre o real, como linguagem que oferece atributos a algo.

Em termos filosóficos, tal polimorfismo será transposto à esfera conceitual pela especificação do modo pelo qual o *logos* se refere ao real. Criam-se, então, sutilezas entre o porquê do existir de algo e o como de sua existência. Diferentemente do discurso mimético, o discurso próprio à episteme vai construindo degraus por meio dos quais o mediato e o imediato se abrem à intelecção.

Em uma de suas mais célebres distinções, Lima Vaz tece o itinerário da ética ocidental a partir da

O DIREITO COMO ORDENAÇÃO

diferenciação etimológica[50] do termo *ethos*. Segundo Lima Vaz o termo *ethos* é a transliteração de dois vocábulos, sendo o primeiro com *épsilon* inicial e o segundo com *eta* inicial. A primeira acepção (έθος – com *épsilon* inicial) diz respeito ao que é costumeiro e habitual, à constância dos atos, daquilo que ocorre frequentemente. Assim é que para Lima Vaz tal acepção diz respeito "a uma constância no agir que se contrapõe ao impulso do desejo".[51] Consequentemente, aponta a etimologia para a concepção segundo a qual o termo *ethos* significa hábito, costume.

A segunda acepção (ἦθος – com *eta* inicial) designa a casa do homem, sua morada, constituindo o lugar no qual encontra abrigo sobre a terra. O sentido conferido ao termo *ethos* como *estada permanente e habitual* constitui a raiz semântica, a partir da qual serão tecidas as normas, os interditos, os valores e as ações. É nesse sentido que, para Lima Vaz, no espaço erigido pelo *ethos* "o *logos* torna-se expressão e compreensão do ser do homem como exigência radical do dever-ser ou do bem".[52]

---

[50] *Escritos de Filosofia II*. São Paulo: Loyola, 1988, p. 12.
[51] *Escritos de Filosofia II*. São Paulo: Loyola, 1988, p. 14.
[52] *Escritos de Filosofia II*. São Paulo: Loyola, 1988, p. 13.

Temos assim a articulação das raízes designadoras das duas acepções do termo ética: o *ethos* – ἔθος – como costume (com *épsilon* inicial) e o *ethos* – ἦθος – como norma (*ethos* com *eta* inicial), decorrendo daí tanto a concepção subjetiva quanto a objetiva. Na concepção subjetiva temos o comportamento individual; na objetiva, o modo coletivo de vida. A partir de tal distinção será possível forjar a tensão constitutiva da ciência do *ethos*, ou seja, a tensão entre virtude (*aretê*) e lei (*nómos*).

Lima Vaz elaborou uma sofisticada teia conceitual tendo em vista tal distinção. Não convém que aqui prossigamos na descrição do itinerário por ele seguido, mas importa perquirir sobre o porquê de tal distinção. Parece óbvio que houve uma mudança que permitiu aos gregos elaborar normas de conduta a partir de uma concepção qualitativamente distinta da anterior. Tal mudança foi gestada a partir da transição da oralidade para a razão epistêmica. Explica-se. Do ponto de vista conceitual, a tensão entre costume e norma, entre hábito e lei, é o reflexo mais evidente de um modo todo próprio de formulação do universo simbólico. Na oralidade, é o recurso à mimese que circunscreve a ação. Já no período posterior, normas são engendradas não a partir do que é, mas do que deve ser.

A transição da oralidade para a razão epistêmica pode explicar o surgimento dos dois significados do

O DIREITO COMO ORDENAÇÃO

termo *ethos*, mas não os justifica. Que aconteceu, então, que possibilitou tal mudança categorial? Antes uma digressão: a tradição oral engendra condutas pela adesão automática à forma como o comportamento é formulado. O que se pretende é a adesão a um padrão comportamental previamente definido. Como não há um meio físico de divulgação do padrão comportamental, a música é utilizada como recurso de acesso ao código comportamental. Simples: os hábitos que se pretendem infundir são transmitidos à comunidade por meio da memória, pois, ao ganharem forma rítmica, há a adesão ao que fora formulado. O que deve ser feito é caracterizado pela memória como adesão, ou seja, a musicalidade do hábito descreve a forma de conduta. À pergunta: que devo fazer? vem como resposta algo que vem imediatamente à memória pela recordação. Musicando-se o que deve ser lembrado, obtêm-se a forma de acesso aos hábitos virtuosos.

De volta à questão: subjacente à transição da oralidade para a episteme está a ruptura com um padrão prescritivo no qual a transcendência é mínima. Somente quando a tensão entre ser e dever-ser é assumida como *logos* constitutivo da realidade é que ao homem será permitido distanciar-se da memória e formular uma estrutura conceitual que se realiza como universo cultural. Tal tensão constitutiva será possível por intermédio da associação entre soantes e consoantes operada pelo alfabeto grego. O ser (soante) revelar-se-á como permanência que se realiza na descrição imediata do fonema; como imediata revelação do som, a vogal constata o fenômeno sonoro como sua duplicação, mimetizando sua forma. Por meio da associação a um sinal gráfico mediato (consoante), a vogal passa a assumir caráter múltiplo. Repare-se que o salto qualitativo não é dado pela soante, mas pela consoante. O caráter representativo das vogais é imediato, assim a multiplicidade representativa será inaugurada pela consoante. O dever-ser (consoante) firmar-se-á pela elaboração de uma constância na ausência operada pela associação. A ausência de representação natural permitirá à consoante configurar-se como o *medium* com o qual a transcendência ganhará um catalisador. Por ela, a tensão entre ser e dever-ser constituir-se-á como fenômeno gráfico. Ao permitir as múltiplas associações sonoras, o invento grego inaugurará a razão epistêmica como tensão entre tempo cronológico (ser) e tempo conceitual (dever-ser). Inaugurará também a relação entre natureza e cultura, na medida em que tal associação realiza o vínculo constitutivo: a imediatidade da vogal e a mediatidade da consoante.

A relação entre natureza (ser) e cultura (dever-ser)[53] é operada mediante uma tensão que constitui o

---

[53] Sobre o desafio constituidor a uma ciência do ethos, *Cf.* SANTOS, José Henrique. *O trabalho do negativo*. São Paulo: Loyola, 2007.

O DIREITO COMO ORDENAÇÃO

homem ao mesmo tempo como ser no mundo, como ser finito e ser para além do mundo, como ser infinito, portanto. Assim, ao realizar-se como ser cultural o homem passa a dispor de uma faculdade constitutiva que se realiza ao transformá-lo no presente em um ser *permanentemente* ausente. Sua ausência diz respeito ao processo pelo qual o existir se desdobra em uma temporalidade que contém a si mesma espacialmente e em um ser que ao existir extrapola seus limites temporais, redefinindo sua dimensão. Paradoxalmente, a presença só é possível pela ausência. É o *permanecer ausente*, isto é, o ser que ao existir permanece ao se ausentar. Daí se encontrar no homem o traço que une o finito ao infinito.[54] Nesse caso, o finito contém o infinito. Por paradoxal, ao estar contido no finito, o infinito impõe-lhe uma condenação: a *transcendência*.[55]

---

[54] Essa dialética entre finito (saber imediato) e infinito (saber absoluto), própria ao conceituar humano, encontra sua expressão mais acabada na obra de Hegel. Para ele, caberia à filosofia (às figuras do sujeito ou consciência) percorrer o caminho que vai da certeza sensível ao saber absoluto. Sobre esse itinerário, *Cf.* HEGEL, Georg Wilhelm Friedrich. *Fenomenologia do Espírito*. Tradução de Paulo Meneses; com a colaboração de Karl-Heinz Efken e José Nogueira Machado. 7ª ed. Petrópolis: Vozes/Bragança Paulista: USF, 2002.

[55] Essa transcendência significa ser capaz de romper com a parcialidade do imediato, do saber sensível e atingir, através de um pensar dialético, o saber da totalidade. O homem é condenado a ser livre e encontra na história a possibilidade de sua efetivação.

Convém, agora retornar à tentativa de demonstrar que o percurso histórico do Direito rumo à modernidade não resultou, como quer Habermas, em uma ruptura com os padrões normativos próprios à Metafísica, mas em uma relação na qual o Estado se apropria da estrutura eclesiástica de dominação da consciência.

2.3 O ECLESIASTICISMO DO ESTADO

O advento da modernidade traz em seu bojo uma nova definição para os universos normativos caracterizada pela substituição progressiva, não abrupta, do pacto oral (juramento) pelo contrato, isto é, pela substituição da palavra empenhada (testemunho) por aquilo que fora firmado contratualmente (prova documental). Do ponto de vista normativo, o Estado moderno será o herdeiro fático e simbólico daquilo que garantiu a unidade jurídico-política do Ocidente. Trata-se da incorporação, por parte do Estado, do aparato existente em torno da confissão, segundo a qual as normas externas são incorporadas pela consciência dos crentes, de modo a permitir-lhes uma unidade prescritiva. Assim sendo, o Estado passa a ser

---

Ora, para Hegel, a liberdade não é algo exterior, mas é "(...) autodeterminação da razão". *Cf.* SALGADO, Joaquim Carlos. *A Ideia de Justiça em Hegel*. São Paulo: Loyola, 1996, p. 472.

O DIREITO COMO ORDENAÇÃO

o *fiador* do contrato, naquilo que Paolo Prodi[56] chamou de eclesiasticismo (Verkirchligung) do Estado. Nesta altura, importa demonstrar que a estrutura ambivalente do Direito, ou sua tensão constitutiva entre *fato* e *norma*, entre o caráter fático de sua *obrigatoriedade* e o caráter simbólico de sua *legitimidade,* decorre fundamentalmente da apropriação pelo Direito das teias prescritivas engendradas pela Igreja.[57]

Por conseguinte, o aparato burocrático do Estado vai se constituindo a partir da assunção da estrutura de poder eclesiástico e da legitimidade para o mando adquirida com a introjeção, por parte do Estado, das características de justificação em vigor até o Código Civil de Napoleão. Não houve uma cisão entre o mundo administrado pelo clero e o mundo regido pelo Estado. O que ocorreu foi uma metamorfose nos padrões normativos. Em um deles, o eclesiástico, a estrutura de dominação é formulada pela introjeção do *ethos* intrínseco à culpa inerente ao pecado original. Foram montadas uma estrutura fáctica e uma outra simbólica a fim de que condutas

---

[56] PRODI, Paolo. *Il sacramento del potere:* il giuramento politico nella storia constituzionale dell'Occidente. Bolonia: Il Mulino, 1992, pp. 161-225.

[57] SCHMITT, Carl. *Teologia Política*. Tradução de Elisete Antoniuk. Apresentação de Eros Grau. Belo Horizonte: Del Rey, 2006.

sejam prescritas. O clero, mediação entre a *divindade* e os que crêem, é estrutura hierárquica e, como tal, assenta-se por meio de uma sofisticada burocracia. No poder eclesiástico há uma ordenação fática que se edifica com a onipresença da Igreja e de suas várias capilarizações (templos, hospitais, escolas), que garantem a efetividade da crença, na medida em que o mito possui um *corpo* atual.

No entanto, o poder da Igreja transcende as limitações fácticas por assentar-se não no rito, mas no *mito*. A estrutura fáctica do poder eclesiástico ganha relevo por meio de suas ramificações funcionais, nas quais são definidas as atividades diretas e indiretas que garantem realidade à ordenação canônica. A ordenação do cânone, contudo, obtém justificação d'Aquele que o transcende e que é transmitido como substrato de sua existência.

É verdade que a relação entre rito e mito é complementar, pois nela não há cisão, visto que o fato da instituição se consolida na transcendência do *símbolo* e este, por sua vez, torna-se concreto no existir de sua atualização. Pois bem, é esta estrutura que foi apreendida pelo Estado. Se é correto que o poder eclesiástico será transferido dessas mãos para as do soberano, igualmente correto será que o poder soberano assumirá os matizes clericais. Assim, pode-se falar, como entende Paolo Prodi, em um eclesiasticismo do Estado.

O DIREITO COMO ORDENAÇÃO

Ao constituir-se como formulador dos padrões normativos, o Estado se apropria do modelo adotado pela Igreja para prescrever condutas. Com isso o Estado nasce como instituição marcada pelo fato de sua existência e de seu alinhamento estarem sujeitos a um corpo de funcionários. Tal qual a Igreja, ele tende a deixar de se concentrar no soberano para assumir, com a burocracia estatal, um caráter impessoal. Se detém uma estrutura fática, possui o Estado, igualmente, uma de justificação que lhe permite ser reconhecido como o formulador legítimo dos padrões normativos.

No entanto, como ocorre esta *transmigração*? Como o Estado pôde se tornar sucessor normativo do clero? Na verdade, tal osmose entre eles ocorre a partir de uma intervenção no foro íntimo dos súditos, que se dá por meio da introjeção do aparato simbólico próprio à confissão. E como isso será moldado? Do mesmo modo que o crente é chamado a redimir-se dos pecados, mediante sua confissão diante da instância mediadora entre o que crê e a divindade – a Igreja –, a vinculação espontânea a um aparato prescritivo fará com que o poder do príncipe passe a vigorar. Se é o pecado que une o crente à Igreja, a submissão consciente às ordens do soberano terá como desdobramento o consentimento do súdito de se vincular tanto espacial quanto simbolicamente a tal aparato prescritivo. A ordenação simbólica e espacial será introjetada, gerando a consciência da obrigação do cumprimento das normas régias. Tal adesão ao poder normativo do Estado – adesão consentida – desenvolve-se por meio da pertença a um dado arcabouço que possibilita ao súdito vincular-se historicamente a uma instituição secular. É assim que o sentimento de pertença inaugura o domínio da consciência.

2.4 O DOMÍNIO DA CONSCIÊNCIA

O desafio que se apresenta ao mundo moderno situa-se na transição de uma época fundada em certezas metafísicas, em doutrinas soteriológicas, para uma transformação no modo de conceber as relações dos homens com o mundo. No universo simbólico, a concepção antropológica é marcada pela vinculação do indivíduo a um todo, que se *desdobra* em uma realidade física e em uma antropológica. Tal desdobramento reverter-se-á em uma unidade política, que propiciará o surgimento do homem como sujeito que projeta o todo a partir de si mesmo. A antropologização do real, fundada pela modernidade, é intrínseca ao Estado nacional, pois tal antropologização oferece meios ao indivíduo de conquistar uma independência categorial, a qual permitirá se situar no mundo como sujeito livre, e, por ser categorialmente livre, constituirá o mundo que lhe dá sentido.

O DIREITO COMO ORDENAÇÃO

Então, mundo e subjetividade, ou física e antropologia, serão um prolongamento da acepção subjetiva da realidade. A realidade não mais será concebida como imanente, mas será uma emanação da subjetividade. Portanto, toda a imanência, todo o real será obra da subjetividade. Como categoria constituinte do real, a subjetividade põe o mundo como sua duplicação, e precisamente daqui, surge o conceito *"metafísica da subjetividade"*. Pergunta-se, então: quem ou o quê constitui a subjetividade?

Até aí, é possível identificar, grosso modo, três estágios na elaboração conceitual do conhecimento humano sobre a realidade: Aristóteles, os lógicos medievais e o advento do Estado nacional.

Os princípios da lógica formal, formulados por Aristóteles, permitem ao homem situar-se entre o sujeito e o predicado, de modo a obter uma imagem, um reflexo do real. Essa identificação do *Ser* entre os termos de uma proposição permitirá ao indivíduo situar-se a si mesmo, situar os outros e as coisas, constituindo particularidades a partir da incomensurabilidade.

Essa duplicação do real que se realiza mediante a particularização do incomensurável, em um desdobrar operado pelo reflexo da natureza no homem, cria uma situação na qual o seu operar, isto é, o seu conhecer implica um permanente revelar na criação do espelho do criador.

O ampliar do conhecimento, sua constituição, resulta do ato de abertura do finito ao infinito, de modo que o tatear do homem no mundo signifique sempre a realização do seu próprio ser como imanência reflexa do criador. É assim que conhecer, em tal contexto, significa revelar. Mas conhecer também significa apreender. É como tal que a apreensão espelha a infinitude na particularidade: substância, qualidade, quantidade, relação. Esse operar, essa análise, representa o modo pelo qual o indivíduo deduz as categorias com as quais o todo se desdobra, abrindo-se à compreensão.

As enormes contribuições dos lógicos medievais por meio do alcance da distinção entre significado e suposição e suas consequências para a relação entre a lógica e a gramática, ou pela caracterização dos termos que compõem as proposições, sejam eles categoremáticos (que têm significado preciso em si) ou sincategoremáticos (que não têm significado preciso, mas têm a função de modificar os nomes ou os verbos) – tal distinção corresponde, na lógica moderna, às variáveis e às constantes lógicas –, além do problema dos universais, consubstanciado na distinção entre pensamento e ser ou entre as palavras e as coisas – donde surgiu o nominalismo de Guilherme de Ockham –, têm o condão de dar clareza conceitual aos vários elementos que estruturam a compreensão da realidade.

O DIREITO COMO ORDENAÇÃO

Como a realidade é tecida na modernidade? Mediante o emprego das categorias poder espiritual e poder secular, consubstanciada pelas múltiplas acepções do *foro*, mas que tendem a assumir o significado do local fático ou simbólico propício à solução das controvérsias e que não se confunde ou se reduz à identificação do foro ao tribunal. A dicotomia entre secular e eclesiástico é recente na história ocidental e se refere ao propósito do soberano em constituir-se como instância apta para dizer o direito.

Ocorre que na aurora da modernidade a consciência é erigida tendo em vista um catálogo de deveres e obrigações, constituído a partir do decálogo, o *catecismo*. Trata-se da formulação dos preceitos que passarão a orientar a vida do cristão. Mas como passar da orientação de condutas à sua exigibilidade? Frise-se que a Igreja desenvolveu um sofisticado modo de passar da proposição à concretude. Tal propósito é realizado por meio da instalação de um lugar físico que efetiva a crença: o confessionário. Como lugar, ele se destina a duas perspectivas. A primeira, a de realizar a aferição entre a orientação proferida e a ação empreendida. Desse modo, o confessor detém a prerrogativa de controle, exercendo o ajuste das consciências ao padrão normativo estabelecido pela Igreja. A segunda, diz respeito ao controle exercido pela comunidade à rotina com a qual o crente se dispõe a ajustar-se ao modelo prescrito. Trata-se da faculdade conferida à comunidade para medir a constância com que o crente comparece à confissão. Configuram-se, assim, duas instâncias de controle, uma interna, caracterizada pela introjeção de normas tendentes a moldar a consciência, e outra externa, por meio da qual há o controle social com o propósito de submetê-lo efetivamente ao prescrito.

O próximo passo consistiu na vinculação entre pecado e lei moral. Ora, se se trata, com o confessionário, de moldar uma instância interna a partir dos propósitos religiosos, o decálogo e os catecismos assumirão as rédeas daquilo que passará a ser pretendido como norma de conduta. A coincidência entre ambas as esferas dar-se-á por meio da associação entre pecado e imoralidade. Então, o crente persegue a moralidade na exata medida em que adota os preceitos da Igreja. Esse, o domínio da consciência.

A osmose entre a esfera religiosa e a esfera secular alcançará o ponto nevrálgico com o estabelecimento do descumprimento da prescrição, da infração como desobediência à lei positiva. Trata-se não apenas de impor a normatividade estatal, mas de requerer de seus destinatários a aceitabilidade, isto é, de conferir assentimento e reconhecimento àquilo que emana do poder secular.

A introjeção da normatividade estatal é permeada por uma interessante arquitetura firmada a

O DIREITO COMO ORDENAÇÃO

partir da obrigatoriedade da norma estatal decorrente do monopólio da força com a promoção de benesses orquestradas pelo Estado, com o propósito de gerar bem-estar. A associação entre essas duas esferas gera, no súdito, ou no cidadão, o propósito de acatar as determinações do Estado como emanações legítimas.

Seguindo as conclusões de Paolo Prodi[58], não se trata de ruptura nos padrões normativos, mas de osmose entre consciência e direito positivo. Daí seguir-se a juridicização da consciência, bem como a sacralização da norma jurídica. Relevante, talvez, para a expressão de tal osmose seja que, tanto na teologia, quanto na teoria da Constituição, o Deus Criador e o Povo Soberano sejam plenipotenciários.

Do mesmo modo que alguns dogmas são incontornáveis por significarem a pedra angular da doutrina, alguns preceitos jurídicos cercam-se de intocabilidade e de um véu que lhes garante irrevogabilidade, tal qual o que acontece com os dogmas de fé. Outra não seria a menção à Constituição: ao invocá-la, haveria o surgimento de uma esfera que produziria uma realidade diferente, como a resultante da intervenção sacramental, pois sua invocação permitiria a transmutação do profano em sagrado, ou

---

[58] *Uma história da justiça*: do pluralismo dos foros ao dualismo entre consciência e direito. Tradução de Karina Jannini. São Paulo: Martins Fontes, 2005.

do relegado ao tutelado constitucionalmente. A invocação da tutela constitucional garantiria a instauração do rito de passagem de uma esfera profana a uma esfera sacrossanta. Tal sacralidade fica ainda mais evidente na aura de intocabilidade, de ato fundador, de manancial que é conferida ao ato constituinte: *fiat lux*!

A Constituição e suas normas, sua invocação e tutela são o bastante, por si sós, para justificar a sacralidade que ostentam? Conferir às normas constitucionais o *status* de pétreas, irretocáveis e que se impõem de uma geração à outra não é próprio de uma sociedade secular que tem nos preceitos da ciência a marca da revogabilidade. Que se espera do ato constituinte? Que confira forma jurídica à expressão "os mortos governam os vivos"?

Afinal, é a Constituição norma científica ou é doutrina religiosa? Sendo a normatividade jurídica o último recurso da teologia moral, caberia à racionalidade jurídica a efetividade do domínio da consciência orquestrado pelo catecismo e efetivado pelo confessionário, assumindo o Estado o papel do grande confessor.

3
a soberania dos sujeitos de direito

A estrutura jurídica do Estado democrático de Direito institucionaliza suas teias a partir da urdidura de dois conceitos que se pressupõem mutuamente: a obrigatoriedade e a legitimidade. Esse par conceitual garante ao Estado a perspectiva de obrigar as consciências mediante recurso ao monopólio da força aliado à justificação de seu emprego, uma vez que o Estado nacional é um arranjo que garante que apenas uma normatividade prospere sobre todas as demais. Sua novidade consiste na vinculação dessa faculdade prescritiva a pessoas que, agrupadas, são fixadas a um território.

Como demonstrado no capítulo anterior, constituir um sentimento de pertença é o grande desafio que o trono tem diante de si. A pertença é moldada por meio da introjeção do aparato simbólico que passa a regular a capilarização do poder em seus múltiplos desdobramentos. Assim, são tecidas as vinculações a um passado heróico, a uma noção de pátria, aos símbolos nacionais, a uma ou a várias línguas etc. Trata-se não apenas de garantir a aceitação do poder, isto é, de sua efetividade – operada pelo aparato burocrático em formação – como também de conjugar a autoridade que brota da mesa, do escritório, engendrando o domínio do trono sobre todas as consciências circunscritas territorialmente. O sentimento de pertença é o equivalente simbólico do poder soberano posto em prática pelo monopólio da força.

Concluído o processo de afirmação histórica do Estado nacional, coube ao Estado democrático de Direito postular para si o monopólio da justificação, na medida em que se converte em instância formuladora de normas obrigatórias sob a prerrogativa de que todas as suas emanações sejam legítimas, *a priori* e *a posteriori*. Depois de avocar o monopólio prescritivo, o Estado democrático de Direito fez coincidir duas instâncias anteriormente autônomas: I) aquela que tornava obrigatória as orientações estatais em virtude do monopólio da força, fortalecida pelo sentimento de pertença e II) aquela que conferia legitimidade ao processo de formulação dessas orientações. Desse modo, a legitimidade conferida ao

A SOBERANIA DOS SUJEITOS DE DIREITO

Estado, conforme o propósito de se exprimir por meio de um direito democrático, assume duas perspectivas: a de gestar o consenso que autorizará a formulação das normas de caráter jurídico e a de dotar uma instância da competência necessária para exprimir o consenso gestado. Na primeira, o poder que é conferido à democracia representativa é gestado pela soberania popular; na segunda, dota-se o processo legiferante da prerrogativa de traduzir o consenso em normas jurídicas.

Por conseguinte, o Estado democrático de Direito exprime-se mediante a pretensão de, sob sua égide, centralizar as pretensões críticas, de caráter norteador, e a de formulador das certezas, de caráter definidor.

Enquanto os propósitos e ideais são encarnados pelo processo democrático de formulação próprio ao processo legiferante, as certezas relativas à reprodução da vida seriam efetivadas pelo estabelecimento de um aparato normativo imediatamente disponível que auxiliaria os indivíduos na determinação e conservação de seu cotidiano. O Estado opera seu propósito legocêntrico ao reunir em uma só instância a pluralidade constitutiva da sociedade e o legocentrismo[59],

---

[59] Quanto ao legocentrismo, *Cf.* FRANKENBERG, Günter. *A gramática da Constituição e do Direito*. Tradução de Elisete Antoniuk. Apresentação de Luiz Moreira. Belo Horizonte: Del Rey, 2007.

próprio do Estado democrático de Direito, faz coincidir ser e dever-ser, de modo a impossibilitar reações aos seus desígnios, pois se espera que as pessoas e a sociedade vivam em conformidade com as orientações emanadas desse Estado, ou seja, o adequado é a conformação.

A coincidência entre ser e dever-ser se realiza mediante a fusão entre a dogmática jurídica e os propósitos universais de reconhecimento pleno do ser humano, operados pelas constituições, porque o primado do constitucionalismo instaura a crença de que a norma constitucional perpassaria todo o ordenamento de modo que o Direito passa a ser conjugado como uma explicitação dos propósitos postos na e pela Constituição. Assim, a vida privada e seus negócios, a esfera pública e os pleitos por restrição à interferência estatal, reveladores de certa desconfiança perante o Estado (as garantias constitucionais), são postos sob a mesma rubrica constitucional. A Constituição seria a grande síntese a realizar a pluralidade na unidade, revitalizando o ideal de plenitude do ordenamento jurídico.

Ao exprimir-se como mediação entre fato e norma, a Constituição garantiria segurança aos institutos e modelaria as consciências, tendo em vista o apelo à constitucionalidade. Com isso, sob o apelo à constitucionalidade fica a reprodução simbólica da

A SOBERANIA DOS SUJEITOS DE DIREITO

vida presa a um ângulo monaxial, de modo que mesmo a crítica há de se dissolver na suposta pluralidade de um único instituto. Quaisquer postulados, quaisquer propósitos, precisam da submissão ao código engendrado pela Constituição para prosperarem.

3.1 LEGOCENTRISMO

O Estado democrático de Direito é institucionalizado mediante a coincidência entre a obrigatoriedade e a legitimidade de suas normas. São obrigatórias porque são válidas as normas jurídicas que brotam do processo democrático; como são legítimas as normas, elas, necessariamente, devem ser obrigatórias. Sendo válidas as orientações decorrentes de tal processo, é preciso que haja uma estrutura institucional que garanta a efetividade de tais orientações, as únicas que podem pretender exigibilidade. Tal pretensão faz coincidir sujeito e predicado de modo a gerar adesão imediata pela suposição de legitimidade inerente ao processo legiferante. Essa tautologia tem o propósito de conferir validade ao processo legiferante, de modo a dotar-lhe da autorização para prescrever condutas independentemente da aferição entre o produzido e a manifesta autorização de vigência decorrente da soberania popular. Sem tal processo verificador, há a submissão dos detentores do poder político, os sujeitos de direito, aos seus servidores, os representantes ou "membros" do Estado, de modo que a necessária legitimidade para obter vigência converte-se em necessária adesão para obter validade.

Nesse Estado, a formulação e a revogação das normas obedecem a um itinerário formalizado. Primeiro, há a representação da soberania. Toda a legitimidade operacional do Estado obedece a tal lógica. Portanto, incontestes serão as orientações estatais, porque reproduzem o consenso formulado pela soberania do povo. Nesse quadro, é o Estado que detém o monopólio da representação, ou seja, não subsiste outro representante, tampouco mais qualificado. A soberania do povo na democracia representativa é autônoma apenas para se fazer representar, ou seja, a efetividade de seu poder decorre de sua duplicação, existindo apenas como abstração. A soberania popular, que na modernidade põe a si mesma e legitima o Estado, há de submeter seus propósitos e pleitos à aprovação da instância cujo poder dela emana. Então, surgindo o propósito de manifestação direta, ele ficaria circunscrito à aprovação do poder posto para traduzir seus pleitos. Essa inversão é ainda mais gritante quando o sujeito de direito, fração da soberania popular, tem um direito subjetivo, ou seu exercício, negado em virtude de problemas organizacionais. Restringe-se o exercício do direito pelo titular do poder político, porque o Estado não desenvolveu os mecanismos de seu gozo.

A SOBERANIA DOS SUJEITOS DE DIREITO

Estabelecida a duplicação da soberania popular por meio da configuração de competências diversas confiadas unicamente ao Estado, surge a possibilidade de intervenção segundo a peculiaridade daquilo que se pretende tutelar. Em síntese, com a democracia representativa, o Estado democrático de Direito avoca para si a titularidade do exercício da soberania, o modo de sua execução e a perspectiva de neutralizar o rodízio na ocupação de seus cargos, sem que com isso seja alterada a sua titularidade para prescrever condutas.

Existem ainda as formas de representação indireta dada por investidura diferenciada. Nelas, além de a representação ser indireta, são-lhes conferidas vitaliciedade.[60] Não bastasse essa forma de investidura significar uma restrição à soberania direta, há um passo que solapa definitivamente tal princípio: a caracterização dos ocupantes dessas funções como membros ou como órgãos, ao invés de como servidores. Ou seja, para esses casos, a titularidade do poder, que é monopólio da soberania popular, é subtraída desta em favor de uma categoria que se organiza segundo parâmetros não republicanos.

Em segundo lugar, com a revogação das normas jurídicas não há a suspensão de sua efetividade, mas, permuta de tutela. É que a suspensão dos efeitos

---

[60] SILVA, Antonio Álvares da. *Reforma do Judiciário*. 2ª ed. Belo Horizonte: Del Rey, 2004.

de uma norma, a suspensão de sua vigência, não significa anomia, mas significa que tal conduta passará a ser tutelada pelo ordenamento jurídico enquanto tal, por meio da associação normativa de seus vários níveis estruturais.

Há, no entanto, dois modos de proceder à permuta da tutela: um, de natureza parlamentar, realizada por ato do poder legiferante, seja em seara constitucional[61] (emenda constitucional) seja por meio de processo ordinário; o outro, de natureza judicial, tornando nula a norma jurídica por inconstitucional. Nesse caso, a declaração de inconstitucionalidade[62] tem incidência temporal, pois será o tribunal (no controle concentrado) que determinará a data a partir da qual a nulidade passa a vigorar.

Diferentemente das demais instâncias que prescrevem condutas, o Direito no Estado democrático assume a prerrogativa de catalisar os anseios e as discordâncias, formalizando os pleitos e submetendo-os à sua forma. Assim, ainda que tais orientações emanem de instâncias diversas da jurídica, todas elas são atraídas pelo peso gravitacional do Estado e se convertem em jurígenas.

---

[61] SAMPAIO, José Adércio Leite. *A constituição reiventada pela jurisdição constitucional*. Belo Horizonte: Del Rey, 2002, pp. 131-147.

[62] MENDES, Gilmar Ferreira. *Jurisdição constitucional*. São Paulo: Saraiva, 2005.

A SOBERANIA DOS SUJEITOS DE DIREITO

Portanto, o processo legiferante seria o foro adequado para o qual convergem os pleitos, os projetos e o lugar no qual os antagonismos encontrariam solução por meio da transformação das expectativas e projetos em normas que encontrariam assentimento.

Se, por um lado, tal esquema possibilita ao direito abrir-se às demais instâncias, resultando na caracterização do direito como disciplina aberta, o que é comumente apontado como prova cabal de sua democratização, por outro, tal subsunção acaba por converter todo o aparato prescritivo em uma única instância, em foro único para o qual convergem as demais disciplinas, para, ao fim, a ele se subjugarem.

Em tal contexto surge a pergunta pela pluralidade. Há uma infinidade de teses que defendem a pluralidade própria ao Direito atual. É de se indagar: a pluralidade das expressões simbólicas próprias ao universo cultural do Ocidente admite sua circunscrição ao jurídico? O pluralismo jurídico coincide com a pluralidade manifestada nas sociedades ocidentais?

A pluralidade do mundo ocidental resulta de múltiplas concepções de horizontes, tornada possível mediante a constituição de um aparato simbólico que procedeu ao contato entre um mundo antropomórfico e um mundo sacralizado. A fusão[63] desses horizontes,

---

[63] GILSON, Etienne. *A filosofia na Idade Média*. 3ª ed. Tradução de Eduardo Brandão. São Paulo: Martins Fontes, 2001.

realizada pela recepção helênica efetuada pelo mundo cristão, possibilitou ao Ocidente a abertura às demais concepções simbólicas, visto que a síntese operada por helênicos e romanos[64] abriu o mundo por eles formado às suas influências, sejam elas árabes, otomanas, hindus, eslavas e, posteriormente, africanas e indígenas.

Tais influências são invariavelmente repostas pelas guerras de conquista e pelas excursões comercias, tendo sofrido um notável incremento com as grandes navegações e com o período colonial subjacente. Em decorrência, a pluralidade constitutiva é catalisada pela assunção quase uniforme da livre iniciativa como conceito abrangente a dar vazão às pretensões ocidentais.

Por conseguinte, o caldeirão cultural propiciou a formação de uma multiplicidade de foros nos quais os modos de vida eram gestados, possibilitando uma autotutela, tendo em vista a definição das circunstâncias particulares a partir de dados e características específicas. As mediações existentes, ainda que indisponíveis aos indivíduos em virtude de sua dogmaticidade, representavam um substrato que não se tornava acessível, palpável, em decorrência da inexistência de uma instância administrativa. Posteriormente, à época do monopólio religioso empreendido pelo

---

[64] SALGADO, Joaquim Carlos. *A ideia de justiça no mundo contemporâneo*. Belo Horizonte: Del Rey, 2007.

A SOBERANIA DOS SUJEITOS DE DIREITO

clero, houve a consagração da teoria dos dois mundos, firmada pela distinção entre sagrado e profano e pela posterior osmose entre ambos, de modo a formar um direito que se expressa pelo simulacro.

Tais argumentos podem ser refutados invocando a complexidade do mundo moderno, seu pluralismo, como forma de dizer que em tal pluralidade somente o Direito pode, com sucesso, prescrever condutas. A juridicização seria a forma lógica da institucionalização, com a qual haveria a passagem da vontade à objetividade. Nesse cenário, caberia ao Direito exprimir institucionalmente as opiniões e vontades dissolvidas na soberania popular. Um outro argumento seria aquele que não identifica o Direito gestado pela sociedade com o estatal, fruto do processo legiferante. Haveria, então, um direito que perpassaria as relações, que brotaria espontaneamente das relações sociais e que não seria apreendido pelo processo legislativo.

Esses dois argumentos não são suficientes para enfrentar a estrutura jurídica ínsita ao Estado democrático de Direito. Primeiro, porque é institucionalizado somente aquilo que é interpretado como necessário à ordem constituinte. Desse modo, há temas e necessidades simplesmente ignorados pelos poderes representantes; além disso, o caminho à institucionalização não é um caminho aberto, mas limitado pela ótica e pelos preconceitos do representante.

Segundo, além dos temas endógenos à produção normativa, existem outros de natureza constitucional. Para que uma norma (ou um projeto) seja admitida como pertencente à estrutura jurídica, necessária se faz a prova de compatibilidade entre aquilo que emana da soberania popular e o seu produto, a Constituição. Desse modo, um consenso histórico prescreve indefinidamente seus ideais a todos que lhe sucederem, por meio de uma exigência que instaura a inércia. A estrutura é concebida de modo a que os propósitos atinentes ao período de concepção da Constituição ganhem efetividade por meio de um controle de admissão rigoroso que somente tolera as normas que se alinharem ao projeto vencedor e que ganhou status constitucional.

O sistema posto pela Constituição passa a ser fechado, exatamente por inadmitir proposições que a contradigam. Nesse caso, a propalada pluralidade só admite identidade, tendo aversão à diferença conceitual ou a uma terceira perspectiva. Nesse caso, a única saída para a Constituição seria constituir-se como um sistema formal de controle de validade normativo. Jamais poderia ela propugnar pelo controle material das normas, pois, como instância de controle de validade, sua tessitura deve ser permanente forjada.

Por exercer a primazia do ordenamento jurídico, a Constituição já opera com a compatibilização

A SOBERANIA DOS SUJEITOS DE DIREITO

de diversos consensos históricos que se exprimem nos códigos e leis atinentes à regulação dos diferentes aspectos da vida. Nesses consensos, o quorum exigido para a modificação desses institutos lhes permite uma maior abertura à simetria entre a soberania popular e a legalidade. O problema consiste exatamente no acúmulo de tarefas avocado pela Constituição.

A democracia simplesmente não pode e não deve admitir que a Constituição se converta em reserva crítica, em monumento à transcendência, em subordinação material de legitimidade das normas. A Constituição, como obra do Direito, é simplesmente posta como reguladora; como estrutura do sistema jurídico. Do mesmo modo que já coube ao Código Civil o exercício de tal função, agora é a vez da Constituição desempenhar tal papel.

A Constituição, ao avocar tal perspectiva, rompe a correia de transmissão que transforma o Direito em porta-voz da soberania popular. Assim procedendo, transcender aquilo que é posto pelo Direito, abri-lo à historicidade, encontra na Constituição um obstáculo, pois qualquer forma de crítica só é possível na medida em que houver a submissão aos padrões por ela estabelecidos. A conjunção entre obrigatoriedade e legitimidade, pretendida pelo constitucionalismo atual, forma uma complementaridade ideológica que instaura a hegemonia estatal.

O que se discute é se o Estado democrático de Direito e a sua manifestação, o constitucionalismo hodierno, não seriam uma forma aprimorada de positivismo, no sentido de assumir o monopólio da normatividade, submetendo as demais disciplinas à sua formalização. Frise-se que aqui não se pleiteia o retorno a formas não institucionais de ordenação de conduta, mas à revitalização das múltiplas perspectivas de ordenação, na qual o Direito é um dentre muitos elementos. Não se pleiteia o retorno a uma fundamentação religiosa do mundo, tampouco a vinculação do jurígeno a conotações naturalistas, mas importa estabelecer o primado da crítica sobre as determinações imediata ou mediatamente impostas e o seu corolário: constituir meios de formalização e vigência da soberania popular diretamente, sem a necessidade de intermediações. Desse modo, a legitimidade material jamais seria alienada da Constituição, cabendo à soberania popular tanto a sua titularidade quanto o seu exercício.

3.2 A CONSTITUIÇÃO COMO SIMULACRO

As constituições modernas repousam sua pretensão à legitimidade em um ato fundador denominado "poder constituinte". Parte-se da ideia de que o poder constituinte[65] conduziria a sociedade ao

---

[65] NEGRI, Antonio. *O poder constituinte*: ensaio sobre as alternativas da modernidade. Tradução de Adriano Pilatti. Rio de Janeiro: DP&A, 2002.

A SOBERANIA DOS SUJEITOS DE DIREITO

apogeu civilizatório, cultural e organizativo e que ele seria o último recurso a ser seguido por uma comunidade política que chegou ao esgotamento associativo. Desse modo, seria o poder constituinte o ato decisivo que transformaria a sociedade e lhe daria uma nova estrutura. Por seu intermédio, seria reedificado o Estado e reconfigurados os propósitos da sociedade, sendo constituídas e fundamentadas todas as relações a ela subjacentes.

Comumente, o poder constituinte é exercido por uma assembléia que realiza o desígnio de formular e promulgar os princípios que passarão a estruturar o sistema constitucional que terá preponderância sobre todo o sistema jurídico. Logo, sob a assembléia constituinte repousa o poder de prescrever as normas e ordenar as condutas.

Exatamente neste momento a Constituição é posta como simulacro. A simulação consiste na tentativa de transformar um consenso sobre a forma de constituir e ordenar o sistema jurídico, obtido em um dado momento histórico, em algo atemporal, configurando um processo comum de formulação de normas jurídicas em ato fundador, a partir do qual os questionamentos e os problemas posteriores são solucionados pela remissão inconteste e necessária a tal estrutura.

O simulacro consiste na justificação de um ato fundante que põe a Constituição como ato extraordinário da soberania popular, quando o poder constituinte e a assembléia por ele instalada se revestem de caráter ordinário. Portanto, o simulacro é o ato de outorga que uma assembléia se dá a si mesma com o propósito de restringir, regular e prescrever os direitos atinentes à soberana manifestação dos sujeitos de direito.

Tal simulacro é posto pela pretensão de validade absoluta adjacente ao poder constituinte, que dota a Constituição de obrigatoriedade e de legitimidade que se atualizam mediante a complementaridade ideológica entre um componente histórico e um conceitual.

Historicamente, o simulacro se caracteriza pela transformação de um processo ordinário em processo excepcional; conceitualmente, em tentar estruturar a Constituição com um caráter ao mesmo tempo filosófico e científico, por meio de classificações e desdobramentos, entre diversas modalidades de normas constitucionais, segundo seu alcance e aplicabilidade. A complementaridade consiste em estabelecer uma tensão entre uma esfera indisponível e uma outra, disponível, como forma de obrigar os sujeitos de direito a terem em sua Constituição não a emanação de sua força prescritiva, mas o resultado de um ato com soberania em si que passa a constituir a soberania própria a sujeitos de direito.

A SOBERANIA DOS SUJEITOS DE DIREITO

Do ponto de vista histórico, o poder constituinte repousa em um embuste: é a autorização expressa dos sujeitos de direito que dota a assembléia constituinte do poder necessário para constituir todas as relações. Sua autoridade criativa repousa antes na faculdade que detêm os sujeitos de direito para criarem uma nova realidade jurídica do que em um ato fundante. Assim, os sujeitos de direito são livres e plenipotenciários para fazerem tantos atos fundadores, constituintes, quanto acharem conveniente, isto porque o ato fundador congênere do poder constituinte é tão-somente uma convenção.

Por convenção, por uma faculdade do livre dispor, a soberania dos sujeitos de direito põe em marcha um processo de formulação das novas engrenagens da sociedade, e a soberania desses mesmos sujeitos de direito põe o poder constituinte, que convoca a assembléia especialmente para dispor sobre aquilo para o qual foi convocada. Admitir o contrário seria reconhecer, em tal postura, traços totalitários.

Por conseguinte, são os sujeitos de direito, em ato soberano, que conferem existência e autorizam o exercício potestativo do poder constituinte. O poder constituinte é a formalização da soberania de sujeitos que, associadamente e por portarem direitos decorrentes do processo cultural e civilizatório, materializam seus anseios por uma nova ordem jurídica ao dotarem a assembléia de uma faculdade constitutiva em exercício.

Não obstante, o poder constituinte não é sede de poder algum, detém apenas o exercício de uma faculdade que emana diretamente dos sujeitos de direito. Não há de se falar tampouco em poder originário, porque o poder não se origina no ato fundante, nem na assembléia convocada para constituir o sistema jurídico. Origina-se em projeto orquestrado pelos sujeitos de direito de constituir um sentido às normas e estruturá-las conforme o sentido atribuído.

A atribuição de tal sentido às normas lhes confere obrigatoriedade, pois a disposição em produzir as suas próprias normas resulta em processo de ordenar a própria liberdade, jamais em aliená-la; a liberdade associativa dos sujeitos de direito põe o sistema jurídico em andamento, pelo qual todo o aparato prescritivo obtém validade, por ato soberano e indelegável.

O embuste característico ao projeto do Estado democrático de Direito de tornar a Constituição a sua pedra angular, torna o momento de criação da norma constitucional o ponto zero, originário, genealógico, conferindo um caráter *sui generis* à sua produção e à sua promulgação. Como dito, a peculiaridade do poder constituinte consiste na disposição fundante oriunda da soberania, posta deliberadamente em exercício pelos sujeitos de direito.

A SOBERANIA DOS SUJEITOS DE DIREITO

Contudo, ainda é preciso enfrentar a questão atinente à natureza de tal processo. O que o distingue do processo legislativo? Ambos decorrem da soberania popular, melhor, ambos decorrem do poder que emana da associação dos sujeitos de direito. Portanto, é o seu poder soberano que põe o Direito em suas ramificações: o processo constituinte e o processo legislativo. Ambos emanam desse poder. O poder que torna possível a Constituição torna também possível os códigos e as leis.

A distinção não remonta à origem, mas no modo de seu exercício. Isto é, não há distinção categorial que oponha um ao outro, mas os dois processos comungam da mesma genealogia. Fundando-se no mesmo poder, tanto o processo constituinte quanto o processo legislativo permitem a atualização de um poder que estrutura a liberdade e a perpetua por meio de um ordenamento conceitualmente concatenado. Interpôr-se, obstruindo a passagem da estrutura da liberdade (a Constituição), à sua ordenação concatenada (o Código) seria uma das grandes armadilhas da modernidade, ao tornar indisponível à soberania exprimir-se por meio de um processo que se atualiza mediante um trâmite diversificado.

Portanto, cabe à ciência do Direito articular a passagem da estruturação da liberdade à sua ordenação concatenada, estabelecendo degraus que criam momentos diferentes de aplicação da soberania, aplicação que se desdobra como forma de a soberania se prolongar, compreendendo o amplo espectro do processo legiferante.

O processo legiferante, como forma jurígena do poder soberano, desdobrar-se-ia nos seguintes passos: I) o poder soberano dos sujeitos de direito põe a assembléia constituinte e lhe infunde poder; II) como exercício desse poder, a assembléia promulga as normas que exercerão o controle de validade das demais normas jurídicas; III) somente um novo ato constituinte pode substituir o ato constituinte precedente. E em decorrência: IV) fica estabelecido quorum especial às emendas à Constituição, mais exigente e com tramitação diferente daquele do V) processo legislativo, comumente de maioria simples.

Tendo demonstrado que não existe diferença qualitativa, mas apenas quantitativa, entre o processo constituinte e o processo legislativo, resta enfrentar a questão da indisponibilidade que se antepõe ao poder soberano dos sujeitos de direito. Tal indisponibilidade se exprime pela construção de um aparato normativo, designado como cláusula pétrea, que não seria alcançável pelo livre dispor próprio à soberania constitutiva dos sujeitos de direito.

Argumenta-se que a eliminação dessas normas comprometeria o teor civilizatório das constituições, pois referidas normas refletem a dignidade humana e o modo de organizá-la, inclusive institucionalmente, e cuidam para que a tutela aos direitos e às garantias fundamentais seja explicitada. Assim é que a Constituição da República, no §4º do artigo 60, enumera as restrições ao processo de emenda à Constituição.

Formalizando a questão: não seriam revogáveis tais normas porque sua ausência redundaria na perda do substrato que dotaria os sujeitos de direito da autonomia que os transforma em pessoas livres, que por serem livres são iguais, em um processo dialético (material) que a posse da liberdade vai se consubstanciando em reconhecimento universal de todos os homens.[66]

Então, a soberania é restringida pelos direitos fundamentais? Não que a soberania dos sujeitos de direitos seja possível sem esses direitos consagrados pela Constituição. Mas é que esses direitos e garantias são postos e tutelados pelo poder constituinte circunscrito aos sujeitos de direito. Então, há dois problemas a enfrentar. O primeiro diz respeito à petição de tolhimento exercida pelos direitos fundamentais.[67] O

---

[66] *Cf.* SALGADO, Joaquim Carlos. *A ideia de justiça em Hegel.* São Paulo: Loyola, 1996.

[67] SAMPAIO, José Adércio Leite. *Direitos fundamentais.* Belo Horizonte: Del Rey, 2004.

segundo é atinente à tensão entre soberania e direitos e garantias fundamentais.

É possível que a soberania seja exercida em sua plenitude sem tais direitos e garantias? A soberania pode perdurar sem eles, mas não na plenitude. Isso significa que sem eles a soberania fica fragilizada, pois a liberdade e a autonomia dos sujeitos de direito não seriam exercidas plenamente. É nesse sentido que os direitos e garantias fundamentais funcionam como uma petição de tolhimento frente à soberania. Eles lhe são necessários, mas não suficientes à soberania dos sujeitos de direito. Isto é, para que haja gozo pleno da liberdade e da autonomia, eles não podem ser suprimidos sem que haja contradição. Mas é de se frisar: só há direitos e garantias fundamentais porque existe um ato que os constitui, que os positiva, de modo que tais direitos e garantias são antes fruto de ato soberano dos sujeitos de direito que os afirma e lhes confere status jurídico. Desse modo, a ausência das normas resulta em perda, mas não na inexistência da disposição soberana dos sujeitos de direito.

No que diz respeito à tensão entre ambos, não se trata de uma relação de causa e efeito. A tensão é fruto de um processo material no qual forma e conteúdo são dissolvidos no devir. É que há uma retro – alimentação do sentido dos direitos e garantias fundamentais perpetrado pela disposição criativa dos sujeitos. Nesse sentido, o processo que confere vigência

A SOBERANIA DOS SUJEITOS DE DIREITO

aos já citados direitos e garantias fundamentais confere igualmente eficácia à titularidade de direitos exercida por tais sujeitos.

A eficácia da titularidade de direitos permite a transformação dos sujeitos em sujeitos de direito, isto é, de sujeitos que podem pleitear a liberdade apenas como hipótese em sujeitos que institucionalizam a liberdade por meio de uma disposição associativa que garante a existência de uma comunidade política que efetiva sua liberdade na medida em que os direitos são conjugados reciprocamente como conquista cultural.

Então, os direitos e garantias fundamentais não são postos pela Constituição, mas pelo mesmo ato soberano, pelo mesmo poder constitutivo que dota as assembléias constituintes do exercício plenipotenciário, ou seja, são postos pelo Direito, como disciplina ordenadora da liberdade. Portanto, historicamente, a conjugação de direitos recíprocos por parte dos sujeitos de direito, estes sim titulares de direitos inalienáveis, elimina qualquer possibilidade de que seja constituída uma esfera jurídica que lhes seja indisponível, pois o poder, fruto de sua associação, confere-lhes reciprocidade de direitos que, conjugados universalmente, torna toda a conquista da cultura um ato de reconhecimento recíproco[68], disponível e garantido a todos os homens.

---

[68] Quanto ao papel que desempenha a hermenêutica para tal empreendimento, *Cf.* COELHO, Inocêncio Mártires.

Tendo percorrido o itinerário histórico que configurou como indisponíveis alguns direitos postos na Constituição, resta analisar um recente embuste conceitual firmado a partir da distinção entre princípios e regras. Essa distinção visa eliminar qualquer foro normativo que transcenda a Constituição, forjando uma suposta tensão entre uma instância ideal (princípios) a partir de um arranjo conceitual, de caráter universal, e uma instância concreta (regras), de caráter estruturante.

A consequência é clara: a elevação da Constituição a uma categoria síntese na qual todas as dimensões culturais encontrariam abrigo, reduzindo a pluralidade a uma expressão positiva. Paradoxalmente, com tal propósito a Constituição realiza o mesmo desiderato da codificação: a plenitude do ordenamento, substituindo a legalidade pela constitucionalidade como forma jurídica legocêntrica.

Então, no que diz respeito à distinção entre princípios e regras, as teses de Robert Alexy e de Ronald Dworkin foram amplamente difundidas e recepcionadas.[69]

Interpretação constitucional. 2ª ed. Porto Alegre: Sergio Antonio Fabris Editor, 2003.

[69] Quanto ao tema, *Cf.* OLIVEIRA, Eugênio Pacelli de. *Processo e Hermenêutica na tutela penal dos direitos fundamentais*. Belo Horizonte: Del Rey, 2004, pp. 153-157.

A SOBERANIA DOS SUJEITOS DE DIREITO

Alexy adverte, expressamente, no início de sua *Teoria dos direitos fundamentais*, o que ele entende por direitos fundamentais: aquilo que é posto como tal pela Lei Fundamental alemã e submetido ao controle do Tribunal Constitucional Federal.[70] Quer dizer, ele os entende como direito constitucional positivo.

Nesse sentido, para Alexy princípios são normas jurídicas que estabelecem deveres de otimização, aplicáveis segundo possibilidades normativas e fáticas. No caso de colisão entre eles, a decisão sobre qual deles prevalecerá será obtida por meio da ponderação sobre sua aplicação a circunstâncias concretas. Assim, seriam os *mandados de otimização* caracterizados pela possibilidade de seu cumprimento se dar como desdobramento que alcança diversos níveis. O seu cumprimento, em cada caso, se circunscreve tanto às possibilidade fáticas quanto às jurídicas.

No que diz respeito às regras, Alexy as entende como normas jurídicas com validade restrita a determinado ordenamento. Desse modo, as regras podem ou não ser realizadas. De sua validade decorre a circunscrição da obrigação exatamente ao que fora prescrito. Em caso de colisão, ela será resolvida mediante o recurso a uma outra regra que determina

---

[70] ALEXY, Robert. *Theorie der Grundrechte*. 2ª ed. Frankfurt am Main: Surhkamp, 1994, pp. 15, 77, 80, 83.

uma exceção, de modo a eliminar a antinomia ou por intermédio da decretação de invalidade de uma delas, com o propósito de afastar a contradição.

Finalmente, Alexy afirma que a distinção entre princípios e regras restringe-se à diferença: I) quanto à *colisão* e II) quanto à *obrigatoriedade* do que é instituído.

Na *colisão*, os princípios têm sua validade compartida, enquanto com as regras a obrigatoriedade de uma resulta no afastamento da outra, seja pela introdução de uma exceção ou pela revogação da outra. Quanto à *obrigatoriedade*, os princípios conferem obrigações *prima facie*, acessíveis pelo princípio da ponderação, e as regras instituem obrigações absolutas.

As teses de Alexy devem ser entendidas a partir do contexto cultural que resultou na "promulgação" da Lei Fundamental alemã. Trata-se de conferir um marco jurídico a uma sociedade profundamente cindida pelo Holocausto.

Logo, não é possível ao direito constitucional alemão invocar o *mantra* do poder constituinte originário como forma de exprimir a síntese instauradora de direitos. Nesse caso, o propósito de Alexy é o de descrever a realidade jurídica subjacente à dogmática constitucional. Portanto, em Alexy a distinção entre princípios e regras tem o condão de

A SOBERANIA DOS SUJEITOS DE DIREITO

estabelecer as relações entre normas jurídicas que detêm um desdobramento específico mediante sua restrição à teoria do direito.

O pleito por sentidos transcendentes não pode ser tido como subjacente à dogmática constitucional, nem há de se cogitar que tais respostas sejam encontradas no controle exercido pelo Tribunal Constitucional Federal. A pluralidade de foros deve ser obtida não na Lei Fundamental, mas na sociedade. Quando muito, o que ela pode fazer é garantir a sua existência. Eis a razão pela qual, em Alexy, a distinção entre princípios e regras tem caráter estrutural, dizendo respeito a uma forma de organização do sistema constitucional como ordenamento.

Por conseguinte, em Alexy, o problema da origem do poder não remonta à assembléia constituinte. O poder constituinte é ato permanente que se consolida e se realiza com o seu exercício. Aliás, a concepção segundo a qual a soberania dos sujeitos de direito é uma faculdade em movimento conferiu legitimidade à Lei Fundamental alemã.[71] Desse modo, por ser mera técnica operacional, tal distinção não resulta em eliminação dos foros, nem na perspectiva de a pluralidade constitutiva da sociedade sofrer uma redução com a positivação operada pelo Direito.

---

[71] GRIMM, Dieter. *Constituição e Política*. Tradução de Geraldo de Carvalho. Belo Horizonte: Del Rey, 2006.

Outra é a perspectiva de Dworkin.[72] Sua distinção entre princípios e regras tem em vista um ataque geral ao positivismo. Dworkin o faz, articulando um caráter de aplicação na base do "tudo ou nada" (*all-or-nothing*) às regras, de modo que, havendo colisão entre elas, uma deve ser necessariamente considerada inválida; no caso dos princípios, a eles seria reservada a esfera dos fundamentos, sendo a decisão sobre qual princípio prosperar, em caso de colisão, alcançada pelo recurso à dimensão do peso (*dimension of weight*), sem que qualquer um deles perca, no entanto, a sua validade.

A distinção por ele engendrada confere à Constituição uma síntese entre norma e fato por meio da rubrica princípios e regras. Isso simplesmente traz à norma constitucional uma confusão conceitual, ao avocar uma perspectiva reflexiva e outra, descritiva. Como tal, o direito constitucional seria ao mesmo tempo *metaciência*[73], uma disciplina especializada em perquirir a validade do que está posto; e *ciência*, em sentido

---

[72] DWORKIN, Ronald. *O império do direito*. Tradução de Jefferson Luiz Camargo. São Paulo: Martins Fontes, 1999, pp. 224, 477 ss.

[73] Quando se confundem níveis de linguagem ou hierarquia de linguagens, cai-se em antinomias. Sobre as propostas apresentadas por Russel e Tarski para se evitarem contradições, ao se fazer a distinção entre níveis de discurso ou de linguagens, *Cf.* HAACK, Susan. *Filosofia das lógicas*. São Paulo: Editora Unesp, 2002, pp. 192-197

A SOBERANIA DOS SUJEITOS DE DIREITO

estrito, uma disciplina voltada ao estabelecimento das categorias do real, isto é, do ordenamento positivado.

Não obstante, se a ciência se caracteriza exatamente pela revogabilidade de suas hipóteses[74] e pela estruturação de sua racionalidade segundo uma concepção hipotético-dedutiva, cabe à filosofia perquirir

---

[74] Essa é a tese de Karl Popper, que concentra todas as suas forças intelectuais na criação de uma escola filosófica denominada *racionalismo crítico*, cuja tese central é a de que a ciência é sempre um projeto inacabado, aberto, em princípio, a novos experimentos capazes de falsear suas teorias. Ciência é, para Popper, um saber conjetural, nunca se atingindo o tão sonhado sonho ocidental de um saber científico seguro e definitivo. Em ciência, não chegamos a certezas últimas. A tão sonhada fundamentação última do saber científico permanecerá sempre um sonho, porque inexequível. Para ele, o que distingue o saber científico de outros saberes é a *falseabilidade* como critério de demarcação, ou seja, as teorias científicas devem, em princípio, ser suscetíveis de validação através da experiência e, embora seja um critério negativo, é o único de que dispomos. Assim sendo, nunca chegaremos a um saber definitivo, acabado, a uma fundamentação última das teorias científicas, pois todo procedimento empírico para falseá-la, mesmo que não se consiga falseá-la no momento, não podemos assegurar que não iremos conseguir no futuro. Por isso, tal 'certeza' é sempre provisória. Tal postura de Popper levou-o a um distanciamento do círculo de Viena e do positivismo lógico. Sobre os trabalhos de Popper sobre essas questões: *A Lógica da Pesquisa Científica*. Tradução de Leônidas Hegenberg; Octanny S. da Mota. São Paulo: Ed. Cultrix, 1993; também, POPPER, Karl. *Conjecturas e Refutações*. 3ª ed. Tradução de Sérgio Bath, Brasília: UNB, 1994.

a validade daquilo que é posto pelas ciências[75], em uma postura crítica, segundo uma concepção reflexiva[76], entendida como retorno àquilo que sem o qual a reflexão não é nem possível, nem válida.

Para caracterizar-se como ciência, o Direito precisa obedecer a alguns requisitos, entre eles o de que suas normas têm natureza constatativa e, como tais, são sujeitas à revogabilidade. Assim, todo o ordenamento – e a Constituição – é dogmática jurídica, e como tal está sujeito à revisão. Outra é a dimensão da Filosofia do Direito. Diferentemente do direito positivo, ela não põe o direito. Cabe-lhe instaurar a pergunta de se a liberdade dos sujeitos de direito, do modo como é orquestrada pela Constituição, pelos

---

[75] Essa é exatamente a postura de Kant. Para ele, cabe à filosofia erigir-se em tribunal da razão, cuja tarefa consiste em julgar se suas pretensões são legítimas e em fundamentar o saber científico. *Cf.* KANT, Immanuel. *Crítica da Razão Pura*. 3ª ed. Tradução de Manuela Pinto dos Santos; Alexandre Fradique Morujão. Lisboa: Fundação Calouste Gulbenkian, 1994.

[76] Sobre a reflexividade, como uma categoria central do pensamento filosófico e como única possibilidade de se falar em fundamentação filosófica: APEL, Karl-Otto. *Transformação da Filsofia:* o a priori da comunidade de comunicação. vol. II. Tradução de Paulo Astor Soethe. São Paulo: Loyola, 2000. Veja-se também: APEL, Karl-Otto. "Fundamentação última não-metafísica?" *In*: STEIN, Ernildo; DE BONI, Luís A. (coord.). *Dialética e Liberdade:* Festschrift em homenagem a Carlos Roberto Velho Cirne Lima. Petrópolis: Vozes/Porto Alegre: Editora da UFRGS, pp. 305-326.

A SOBERANIA DOS SUJEITOS DE DIREITO

códigos e pelas demais normas, é possível e se o modo como a liberdade foi estruturada é válida.[77]

A confusão entre norma e fato, operada por Dworkin e seguida por muitos, tem o condão de facultar ao Direito uma hegemonia que reduz a sociedade a uma única dimensão. Tal dimensão permite ao Estado democrático de Direito eliminar a crítica, utilizando-se do caráter unidimensional da Constituição para converter-se em grande confessor.

Cabe à Filosofia do Direito alertar os sujeitos de direito de que, a pretexto de preservar o poder decorrente de sua associação e de fundar um Estado laico e plural, o constitucionalismo hodierno eliminou as múltiplas formas de entendimento das categorias do real e reduziu drasticamente a liberdade de livre disposição desses mesmos sujeitos ao constituir uma esfera indisponível à sua faculdade plenipotenciária.

À Filosofia do Direito cabe mais uma vez demonstrar que, como em tantas outras vezes, a Constituição é uma grande conquista, mas não a última.

---

[77] Para a ética apeliana, não cabe à filosofia prática estabelecer normas de conteúdo. Cabe a ela fornecer princípios formais que possam permitir avaliar se os contextos históricos engendrados realizam, de fato, o homem como ser livre. Sobre a proposta ética: APEL, Karl-Otto. *Transformação da Filosofia*: o a priori da comunidade de comunicação. vol. II. Tradução de Paulo Astor Soethe, São Paulo: Loyola, 2000, pp. 407-491.

posfácio

10 anos depois, A constituição como simulacro *como o debate mais necessário e atual no Brasil.*

Há dez anos, as reflexões filosóficas do Direito de Luiz Moreira foram apresentadas em seu livro *A constituição como simulacro*. Era ano comemorativo dos 20 anos da Constituição Federal do Brasil, e foi então saudado como leitura obrigatória pela sua coragem e ousadia intelectual. Dez anos depois, no limiar do marco celebrativo dos 30 anos da CF/88, a obra é reeditada e novamente nos impõe uma série de questionamentos, em um ano em que a proposta de eleições diretas para presidente da República é denunciada, por alguns setores, como inconstitucional. Quando a consulta direta ao povo é identificada como inconstitucional, ou, como já disse Juliana Diniz, quando *o povo é inconstitucional*, há algo de podre no reino da Dinamarca...

Por isso, novamente se ressaltam as contribuições de Luiz Moreira. Ao preferir reeditá-la sem modificações, proponho-me apenas a revisitar uma resenha por mim enviada ao autor ainda sob o assombro da primeira leitura. Desde a primeira edição, Moreira se perfila aos pensadores que mantém uma postura de perplexidade diante dos dilemas do Homem e da precariedade das respostas propostas pela modernidade ou, como diz o autor, pela sociedade da ciência e da técnica. Sua leitura continua um alerta de que a esfera normativa esta esvaziada, ou antes, desligada, de fundamentação filosófica, ética e política. Na introdução, afirma o autor que a negativa da modernidade em aceitar a dimensão simbólica, a transcendência, confunde em nós a clássica divisão do mundo natural e do mundo cultural, pondo em marcha uma dominação totalizante fundada na recusa da concepção de direitos universais – Direitos do Homem. A sociedade moderna se constitui sob fragmentações e segmentações paradoxalmente aliadas a uma busca de homogeneidade, o que alimenta a cultura da intolerância com as diferenças.

As convicções epistemológicas de Luiz Moreira estão sistematizadas na introdução, partido da gênese do *conceito* – instrumento para o *logos/* conhecimento – como sendo o resultado derivado da captura, pelo homem, do tempo cronológico (o movimento, objeto de investigação da física), para domá-lo e torná-lo tempo histórico (sucessão de fatos, objeto cultural). O homem, liberto, cria então um

POSFÁCIO

novo mobiliário para o mundo: as normas. Para o autor, é na tentativa de fazer-se um só que está o embuste da modernidade: não é possível ao homem coincidir o que é transcendente com o que é imanente. Assim, há uma armadilha a que nos conduz a modernidade: a tentativa de associação entre Estado e Direito, ou a pretensão de fazer coincidir o jurídico com o democrático, na clássica designação da fórmula Estado Democrático de Direito. Daí a necessidade de percorrer o itinerário feito para a construção do Estado moderno, aferindo se a construção das formas jurídicas é realmente o produto de um processo político de inclusão e reconhecimento que logrou transformar em cidadão aqueles que eram súditos.

Conforme foi percebido na primeira leitura há dez anos, esta é a corajosa proposta do filósofo Luiz Moreira: a deificação da constituição, como *instituição* que mascara as verdadeiras questões de autonomia e liberdade do Homem. A leitura perturba a serenidade com que foi absorvido no Brasil o discurso legitimador da constituição enquanto documento jurídico com uma específica força normativa, uma vez que propõe como condição para a construção de um *documento* democrático a formação de uma comunidade política. A aporia do projeto de modernidade-racionalidade se desvela: em seu compromisso com o homem como unidade produtora, como pressupor a existência do homem autônomo, sujeito de direitos, plenipotenciário?

PROFA. GRETHA LEITE MAIA

Outra circunstância de impasse da modernidade anunciada: carregando ainda marcas indeléveis dos preceitos religiosos medievos, o homem da racionalidade facilmente converte em dogma todo um conjunto de instituições sociais. As instituições são objetos culturais, criação do homem e, portanto, inapropriáveis numa esfera dogmática – sistema fechado – posto que deva estar sempre sujeito a alterações, num sistema aberto no qual floresça a transcendência, o imaginário autônomo. A este fenômeno, no campo jurídico, corresponde à chamada reserva intocável das constituições, as cláusulas pétreas, e se reflete na rigidez do processo de alteração. A constituição, então, assume a função de ser o objeto de adoração, substituindo o altar e o trono medievais como instância de sequestro de um projeto de autonomia do sujeito.

O Capítulo I trata do Direito e sua relação com a liberdade, uma vez que na modernidade o Direito recebe a incumbência de ordenar as condutas, e ordenar condutas não é outra coisa senão gerar normatividade. Tal tarefa significa uma condição de concorrência com outros sistemas normativos, como a cultura, o pensamento religioso e a ordem econômica, por exemplo. Novamente destaco o item 1.2 deste capítulo, intitulado *A ética moderna*. Os termos em que estão postas as questões do papel do Direito, sua relação com o Estado e o modo de introjeção das

POSFÁCIO

instituições que modelam o comportamento são claros e bastante elucidativos das discussões que se seguem. Revela-se então a intimidade do autor com pensadores fundamentais da ética, como Kant, Hegel e, especialmente, Habermas, que recebeu especial atenção de Luiz Moreira. O item 1.5 do Capítulo 1 (Normatividade moral e jurídica) tem como aporte teórico as teses de Klaus Günther que, por meio da distinção entre justificação (esfera da moralidade) e aplicação (esfera da juridicidade) pretende elucidar o problema da normatividade que seja ao mesmo tempo eficaz e legítima. O texto que se segue encerra um interessantíssimo diálogo do autor com Günther e Habermas acerca das questões de legitimação e normatividade.

A densidade filosófica que permeia todo o Capítulo 1, na discussão da legitimação ou do conteúdo do Direito, se mantém no Capítulo 2, quando o foco da discussão passa a ser a operacionalização do Direito na sua compreensão enquanto linguagem e metalinguagem. O Direito é analisado na sua função de estabilizador da tensão entre fato e norma, ou seja, o elemento integrador entre essas duas dimensões do mundo cultural. O Direito se mostra, então, como sistema legiferante e judicante dentro de um contexto histórico de formação do Estado moderno. Na racionalidade da modernidade, o poder vira institucional (do Rei à Lei). As páginas que se seguem veiculam questões fundamentais para a questão do futuro do Estado. O item que aborda a transcendência, ou seja, a aptidão do homem para ultrapassar suas limitações por meio da construção de um universo simbólico (instituições imaginárias), constituidor de sentidos, é uma leitura obrigatória para os iniciantes nas intrincadas discussões de filosofia do Direito.

Ao Capítulo 3, tendo sido o leitor atento conduzido pelo fio do pensamento de Luiz Moreira, depara-se com a desconcertante constatação de que a constituições se prestam a ser simulacros, uma vez que não há um verdadeiro projeto de autonomia do sujeito de direito na modernidade.

Luiz Moreira explora o par conceitual que compõe a estrutura jurídica do Estado Democrático de Direito: obrigatoriedade/legalidade e legitimidade. Eles são os garantidores das relações fundadas na dominação-submissão, uma vez que a normatividade é a proposta da modernidade para justificar o uso do poder pelo Estado. Moreira descreve como a teoria assume contornos de brincadeira tautológica, expondo a fragilidade do critério: as normas são obrigatórias porque são válidas; são válidas, por sua vez, porque nascem de um processo democrático; como são legitimadas pela origem, devem ser obrigatórias. Para normas válidas e obrigatórias estrutura-se um aparelho burocrático que garanta a efetividade de tais ordenações, que são as únicas que podem pretender exigibilidade.

POSFÁCIO

Sujeito e predicado coincidem, tal como uma estranha afirmação de que o povo é o titular – dono – do poder e é o elemento pessoal que sofre este poder. Ou seja, o discurso político da modernidade busca conferir a legitimidade pelo processo legiferante, deslocando a aferição da legitimidade de qualquer outra instância, tornando aqueles que seriam sujeitos de direitos em meros "sofredores" do poder soberano, de modo que, como nos diz o autor, a necessária legitimidade para obter vigência converte-se em necessária adesão pra obter legitimidade. A lógica de legitimidade, tal como se apresenta nas teorias políticas contemporâneas, depende de uma soberania apenas para se fazer representar: a efetividade de poder soberano limita-se a uma duplicação abstrata da ideia de representação.

Por isso o autor encerra seu pensamento na conclusão da constituição como um simulacro da modernidade. O poder constituinte, identificado como elemento máximo do processo civilizatório, cultural e organizatório de um povo, último recurso a ser seguido por uma comunidade política que chegou ao clímax de seu amadurecimento associativo, é o conceito nuclear das teorias constitucionais modernas a ser prioritariamente questionado, pois propicia o simulacro da afirmação de fechamento do sistema político, depois deste ápice, capturada está a autonomia. Nas palavras de Luiz Moreira:

PROFA. GRETHA LEITE MAIA

> O simulacro consiste na justificação de um fato fundante que põe a constituição como ato extraordinário de soberania popular, quando o poder constituinte e a assembleia por ele instalada se revestem de caráter ordinário. Portanto o simulacro é o ato de outorga que uma assembleia dá a si mesma com o propósito de restringir, regular e prescrever os direitos atinentes à soberana manifestação dos sujeitos de direito (2007, pp. 93/94).

O autor examina ainda o termo poder constituinte, desdobramento necessário do conceito de poder constituído – simulação de autonomia. Luiz Moreira enfrenta teorias constitucionais dispostas nos diversos manuais de direito constitucional, presentes ainda na nossa comunidade acadêmica, provocando discussões que alcançam o embuste conceitual firmado a partir da distinção entre princípios e regras, dialogando com Alexy e Dworkin.

Trata-se, portanto, da reedição de um livro que merece ampla acolhida pela comunidade acadêmica. Compõe-se de uma crítica muito bem fundamentada à teoria da constituição conforme se assentou nas últimas décadas no Brasil, acrescida de uma proposta de revitalização das múltiplas perspectivas de ordenação, na qual o Direito é um dentre muitos elementos. Conforme ressaltei há dez anos, há grandes

POSFÁCIO

méritos na obra de Luiz Moreira, mas o maior deles é o de ter trazido para a discussão do Direito, de maneira segura, os temas de filosofia que insistem em importunar a quietude quase apática a que nos conduz a dogmática racional moderna. Continua sendo, talvez mais hoje do que há dez anos, leitura obrigatória para os que rumam no sentido da autonomia do Homem como sujeito plenipotenciário.

Profa. Gretha Leite Maia

Mestre em Direito pela Universidade Federal do Ceará. Professora da Faculdade de Direito da Universidade Federal do Ceará.

bibliografia

ALBERT, Hans. *Traktat über kritische Vernunft*. Tübingen: Mohr Siebeck, 1991.

ALEXY, Robert. *Theorie der Grundrechte*. 2ª ed. Frankfurt am Main: Surhkamp, 1994.

ARISTÓTELES, *Metafísica:* ensaio introdutório. vol II. Tradução e comentário de Giovanni Reale e Marcelo Perine. São Paulo: Loyola, 2002.

APEL, Karl-Otto. *Transformação da Filsofia*: o a priori da comunidade de comunicação. vol. II. Tradução de Paulo Astor Soethe. São Paulo: Loyola, 2000.

APEL, Karl-Otto. "Fundamentação última não-metafísica?" *In*: STEIN, Ernildo; DE BONI, Luís A. (coord.). *Dialética e Liberdade*: Festschrift em homenagem a Carlos Roberto Velho Cirne Lima. Petrópolis: Vozes/Porto Alegre: Editora da UFRGS.

BEITZ, Charles R. *Political theory and International relations*. Princeton: Princeton University, 1979.

BIBLIOGRAFIA

BÍBLIA. *A Bíblia de Jerusalém*. São Paulo: Paulinas, 1985.

BOXER, Charles. *O império marítimo português 1415-1825*. Tradução de Anna Olga de Barros Barreto. São Paulo: Companhia das Letras, 2002.

BROCHADO, Mariá. *Consciência moral e consciência jurídica*. Belo Horizonte: Mandamentos, 2002.

CAENEGEN, R. C. van. *Uma introdução histórica do direito privado*. Tradução de Carlos Eduardo Lima Machado. São Paulo: Martins Fontes, 2000.

CANARIS, Claus-Wilhelm. *Pensamento sistemático e conceito na ciência do Direito*. Tradução de Antonio Manuel da Rocha. 3ª ed. Lisboa: Calouste Gulbenkian, 2002.

COELHO, Inocêncio Mártires. *Interpretação constitucional*. 2ª ed. Porto Alegre: Sergio Antonio Fabris Editor, 2003.

COSTA, Regenaldo da. *Ética do discurso e verdade em Apel*. Belo Horizonte: Del Rey, 2002.

CREVELD, Martin van. *Ascensão e declínio do Estado*. Tradução Jussara Simões. São Paulo: Martins Fontes, 2004.

DUARTE, Rodrigo. *Teoria crítica da indústria cultural*. Belo Horizonte: UFMG, 2003.

DWORKIN, Ronald. *O império do direito*. Tradução de Jefferson Luiz Camargo. São Paulo: Martins Fontes, 1999.

BIBLIOGRAFIA

ÉSQUILO. *Oréstia*. Agamêmnon. Coéforas. Eumênides. Introdução, tradução e notas de Mário da Gama Cury. Rio de Janeiro: Jorge Zahar, 1990.

FERRY, Jean-Marc. *Habermas:* l'Éthique de la Communication. Paris, 1987.

FRANKENBERG, Günter. *A gramática da Constituição e do Direito*. Tradução de Elisete Antoniuk. Belo Horizonte: Del Rey, 2007.

GILSON, Etienne. *A filosofia na Idade Média*. 3ª ed. Tradução de Eduardo Brandão. São Paulo: Martins Fontes, 2001.

GRIMM, Dieter. *Constituição e Política*. Tradução de Geraldo de Carvalho. Belo Horizonte: Del Rey, 2006.

GÜNTHER, Klaus. *Der Sinn für Angemessenheit*. Anwendungsdiskurse in Moral und Recht. Frankfurt am Main: Suhrkamp, 1988.

_____. *Teoria da argumentação no Direito e na Moral*: justificação e aplicação. Tradução de Cláudio Molz. São Paulo: Landy, 2004.

HAACK, Susan. *Filosofia das lógicas*. São Paulo: Editora Unesp, 2002.

HABERMAS, Jürgen. *Die Postnstionale Konstellation*. Frankfurt am Main: Suhrkamp, 1998.

HABERMAS, Jürgen. *Direito e Democracia*: entre facticidade e validade. tomo I. Tradução de Flávio Beno Siebeneichler. Rio de Janeiro: Tempo Brasileiro, 1997.

BIBLIOGRAFIA

HABERMAS, Jürgen. *Die Einbeziung des Anderen*. Frankfurt am Main: Suhrkamp, 1996.

HABERMAS, Jürgen. *Consciência moral e agir comunicativo*. Tradução de Guido Antônio de Almeida. Rio de Janeiro: Tempo Brasileiro, 1989.

HAVELOCK, Eric A. *A invenção da escrita na Grécia antiga e suas consequências culturais*. Tradução de Ordep José Serra. São Paulo: UNESP/São Paulo: Paz e Terra, 1996.

HEIDEGGER, Martin. *Sein und Zeit*. 19ª ed. Niemeyer: Tübingen, 2006.

HEGEL, *Fenomenologia do Espírito*, Tradução de Paulo Meneses; Karl-Heinz Efken; José Nogueira Machado. 7ª ed. Petrópolis: Vozes/Bragança Paulista: USF, 2002.

HÖFFE, Otfried. "Erwiderung". *In*: GOSEPATH, Stephan; MERLE, Jean-Christophe. *Weltrepublik*: Globalisierung und Demokratie. Müchen: Beck, 2002.

_____. *Politische Gerechtigkeit*: Gundlegung einer kritischen Philosophie von Recht und Staat. Frankfurt am Main: Suhrkamp, 1987.

_____. *Justiça política*: fundamentação de uma filosofia crítica do Direito e do Estado. Tradução de Ernildo Stein. São Paulo: Martins Fontes, 2001.

_____. *Demokratie im Zeitalter der Globalisierung*. München: Beck, 1999.

_____. *A democracia no mundo de hoje*. Tradução de Tito Lívio Cruz Romão. São Paulo: Martins Fontes, 2005.

BIBLIOGRAFIA

_____. *Kategorische Rechtsprinzipien*. Frankfurt am Main: Suhrtkamp, 1990.

_____. "Der Revolution noch eine Zukunft? Kants Utopie der Weltrepublik". *In*: Reformatio, n. 38, 1989, pp. 210-219.

KANT, Immanuel. *Crítica da Razão Pura*. 3ª ed. Tradução de Manuela Pinto dos Santos; Alexandre Fradique Morujão. Lisboa: Fundação Calouste Gulbenkian, 1994.

LARENZ, Karl. *Metodologia da Ciência do Direito*. 4ª ed. Tradução de José Lamego. Lisboa: Calouste Gulbenkian, 2005.

LIMA VAZ, Henrique Cláudio de. *In:* TOLEDO, Cláudia; MOREIRA, Luiz. *Ética e Direito*. São Paulo: Loyola, 2002.

_____. *Escritos de Filosofia II*. São Paulo: Loyola, 1988.

LOPES DOS SANTOS, Luis Henrique. "A Harmonia Essencial". *In*: NOVAES, Adauto (coord.). *A Crise da Razão*. São Paulo: Companhia das Letras, 2006.

MENDES, Gilmar Ferreira. *Jurisdição constitucional*. São Paulo: Saraiva, 2005.

MOREIRA, Luiz."Legitimation des Rechts bei Habermas". *Zeitschrift Aufklärung und Kritik*. Nürnberg, ano IX, n. 1, 2002.

MOREIRA, Luiz. *Fundamentação do Direito em Habermas*. 3ª ed. Belo Horizonte: Mandamentos, 2002.

BIBLIOGRAFIA

NEGRI, Antonio. *O poder constituinte*: ensaio sobre as alternativas da modernidade. Tradução de Adriano Pilatti. Rio de Janeiro: DP&A, 2002.

OLIVEIRA, Eugênio Pacelli de. *Processo e hermenêutica na tutela penal dos direitos fundamentais*. Belo Horizonte: Del Rey, 2004.

OLIVEIRA, Manfredo Araújo de. *Reviravolta linguístico-pragmática na filosofia contemporânea*. São Paulo: Loyola, 1996.

OLIVEIRA, Manfredo Araújo de. *Ética e Sociabilidade*. São Paulo: Loyola, 1993.

POGGE, Thomas. *Realizing Rawls*. Cornell University, 1989.

POPPER, Karl. *Conjecturas e Refutações*. 3ª ed. Tradução de Sérgio Bath, Brasília: UNB, 1994.

POPPER, Karl, *A lógica da pesquisa científica*. Tradução de Leônidas Hegenberg; Octanny Silveira da Mota. São Paulo: Cultrix, 1993.

PRODI, Paolo. *Uma história da justiça*: do pluralismo dos foros ao dualismo entre consciência e direito. Tradução de Karina Jannini. São Paulo: Martins Fontes, 2005.

PRODI, Paolo. *Il sacramento del potere:* il giuramento politico nella storia constituzionale dell'Occidente. Bolonia: Il Mulino, 1992.

REALE, Giovanni. *História da Filosofia Antiga*. vol II. Tradução de Marcelo Perine. São Paulo: Loyola, 1994.

BIBLIOGRAFIA

REALE, Giovanni. *História da Filosofia Antiga*. Tradução de Marcelo Perine. São Paulo: Edições Loyola, 1993.

ROUANET, Sérgio Paulo. "Ética discursiva e ética iluminista". *Mal-estar na modernidade*: ensaios. São Paulo: Companhia das Letras, 1993.

SALGADO, Joaquim Carlos. *A ideia de justiça em Hegel*. São Paulo: Loyola, 1996.

SALGADO, Joaquim Carlos. *A ideia de justiça em Kant*: seu fundamento na liberdade e na igualdade. 2ª ed. Belo Horizonte: UFMG, 1995.

SAMPAIO, José Adércio Leite. *A constituição reinventada pela jurisdição constitucional*. Belo Horizonte: Del Rey, 2002.

SAMPAIO, José Adércio Leite. *Direitos fundamentais*. Belo Horizonte: Del Rey, 2004.

SANTOS, José Henrique. *Trabalho e riqueza na fenomenologia do espírito de Hegel*. São Paulo: Loyola, 1993.

SANTOS, José Henrique. *O trabalho do negativo*. São Paulo: Loyola, 2007.

SILVA, Antonio Álvares da. *Reforma do Judiciário*. 2ª ed. Belo Horizonte: Del Rey, 2004.

SKINNER, Quentin. *As fundações do pensamento político moderno*. Tradução de Renato Janine Ribeiro; Laura Teixeira Motta. São Paulo: Companhia das Letras, 1996, pp. 285-301.

BIBLIOGRAFIA

STEIN, Ernildo. *Seis Estudos Sobre Ser e Tempo*. 3ª ed. Petrópolis: Vozes, 2005.

WIEACKER, Franz. *História do direito privado moderno*. 2ª ed. Tradução de António Manuel Botelho Espanha. Lisboa: Calouste Gulbenkian, 1993.

NOTAS

NOTAS

NOTAS

A Editora Contracorrente se preocupa com todos
os detalhes de suas obras!
Aos curiosos, informamos que esse livro foi impresso
no mês de Julho de 2017, em papel Polén Soft
pela Gráfica R.R. Donnelley.